个人

发展学会

Institute of Self Improvement

超级聊天术

跟谁都能聊得来

大鹏◎著

个人发展学会　出品

北京联合出版公司
Beijing United Publishing Co.,Ltd.

图书在版编目（CIP）数据

超级聊天术 / 大鹏著. — 北京：北京联合出版公司, 2018.5

ISBN 978-7-5596-1949-5

Ⅰ. ①超… Ⅱ. ①大… Ⅲ. ①语言艺术–通俗读物 Ⅳ. ①H019-49

中国版本图书馆CIP数据核字(2018)第062132号

超级聊天术

著　　者：大　鹏
责任编辑：昝亚会　夏应鹏
产品经理：周亚菲
特约编辑：王云欢
版式设计：刘　宽

北京联合出版公司出版
（北京市西城区德外大街83号楼9层　100088）
北京嘉业印刷厂印刷　新华书店经销
字数191千字　880毫米 × 1230毫米　1/32　9.25印张
2018年5月第1版　2018年5月第1次印刷
ISBN 978-7-5596-1949-5
定价：48.00元

序　言

▼
▽

不必每句话都有意义

生活中，我们难免会遇到熟悉的陌生人。“熟悉”是因为在工作和生活中有交集；“陌生”是因为我们往往不知道要和对方聊些什么话题，更不用提话题的深浅度了。

例子一：

早上出门上班的时候，一进电梯，我就遇到了隔壁的邻居。我们互相热情地打了招呼，但是之后我不知道继续聊什么，特别是目光交会的刹那，感到十分尴尬。

例子二：

从地铁站出来，我又正好碰到了同事。只剩下几分钟路程，那就一起走吧，但是一路上不知道该跟他说些什么，因为我们在工作中没有交集，他看起来也不是那种健谈的类型。从地铁站到公司虽然只有几分钟，但是我却觉得这几分钟像领导的讲话一样漫长。

例子三：

到了公司，我还要准备另一场“战争”。因为我刚刚调到了新的部门，绝大部分同事都是我不认识的。领导向同事简单介绍了我之后就走了，然后我站在那儿傻笑一下就没下文了，因为我根本不知道说什么！

你不一定像我这么惨，但是在生活中也难免遇到类似的情况。那时你可能也会觉得：原来聊天不是一件简单的事。

不对啊，你平时不是挺会聊天吗？在QQ和微信里聊起来的时候才思泉涌，深为自己幽默又有见地的评论而自豪，甚至在聊完天后还沾沾自喜。

可是一旦出现我刚才说的那些情况，打完招呼你就不知道说什么了，或者你对自己的表现非常懊悔，心想：我刚才要是能这么说就好了。

我常常说一句话：画得不满意可以再描两笔，照片拍得不够好就再来一次，但是，当时的话说得不好，恐怕就是永远地错过了。说话是一次性的，你再没有机会去弥补因为说话留给别人的第一印象。

聊天是一种重要的能力。我们之所以缺乏这种能力，最根本的原因恐怕是自己从来没有重视过“聊天”这件事，或者对聊天的认识存在误区。

“小刘，我觉得昨天销售部那个报告好像有点问题，这两个数据不太对啊。”

“我看看……没问题啊，今年绩效改革之后，我们就是按照新标准计算的。”

“可是，这样计算的话，销售额和实际工作量就不匹配了啊，人力资源那边肯定也搞不明白。”

“不会，现在他们不仅考核这个指标，还要同时看这个——你看……”

这种对话是聊天吗？不是，称作讨论或商议更合适。这些对话开始之前，双方——至少是发起对话一方——的目的明确。一旦达到了目的，对话就结束了。

但是，聊天在很多时候都是没有目的的，甚至没有什么实际意义，聊的内容也很随意，通常是想到什么就说什么。

比如：

你对同事说："我家附近新开了一家火锅店。"

同事说："是吗？怎么样？"

你说："还不错，是一家重庆火锅店，挺正宗的。"

同事说："真的啊？改天我也去尝尝。"

这样的对话中有什么专业信息吗？无非就是日常闲聊。而这本书的内容，就是教大家掌握"闲聊的能力"。

有人可能会有疑问：闲聊为什么还要专门学习呢？学会了有什么用呢？

这个问题很好。我的回答是：虽然聊天的内容不一定有什么实质性信息，但是这并不意味着它毫无必要。或者说，正是因为聊天的随意性，才显出它的独特性。聊天不是要从对方嘴里获得什么，而是在两个人交流的过程中有太多的隐含信息。

如果你和别人谈合作，那么你们的谈话可以被分为两种：一种是谈合作内容、执行细节等，这些都是与合作有关的对话；另一种则是闲聊，比如，"老王，改天一起去爬山吧"，或者"我那里有一瓶82年的'养乐多'，下次一起尝尝"。

当然，与合作有关的谈话非常重要，但是闲聊也不可或缺。美国现代演讲大师柏克说过："演讲最重要的目的不是说服，而是认同。认同，可以让你的合作事半功倍。"

聊天不一定能够传递所谓的信息价值，但是其中饱含着很多情感价值，可以缩短双方的距离，为正式的对话营造一个更好的环境。

比如我们学生时代的老师，是那些学识渊博、热衷于引经据典的学者型老师更惹人喜欢，还是在课堂上纵横畅谈、能够与学生打成一片的老师更受欢迎呢?

没有意外的话，后者的人气会更高。我不相信有人会喜欢一个照本宣科的老师。在这种老师的课堂上，常常会有人默默掏出手机打开微信 /QQ，或者干脆睡过去。

我不敢说聊天像空气一样是生存的必要条件，但它至少是润滑剂一样的存在。你平时如果不刻意去体会，很容易忽略它，但是没有它也不行。如果没有聊天，生活会变得非常枯燥。

很多书或文章告诫人们要提高生活效率，拒绝无效的社交。无效社交是可以忽略的，但是交流和聊天却有其存在的意义和必要。聊天是人际关系的润滑剂，能够培养我们与人进行情感沟通的能力。

我想要传递一种概念:“超级聊天术”并不等同于“超级口才”“超级辩论术”，或者“超级语言技巧”。它不一定会帮助你成为演讲大师或者脱口秀明星，至少我们没有这样的目的，因为“口才”与“聊天”不是必然的因果关系，它们之间最明显的区别就是:好口才需要用脑，而聊好天需要用心。

《超级聊天术》将会告诉你怎样在聊天中用心，以及怎样用心地聊天。我们会设定一个现实生活中的对话场景，根据不同的闲聊对象给出有针对性的聊天建议。同时还会特别指出，在特定场景中不能说哪些戳人心窝，甚至踩人雷区的话。

来吧，咱们一起聊聊“聊天”这件事。

目　录 ▷▶

认知篇：你并不知道的聊天

实践篇：如何跟各类对象聊天

认知篇：

你并不知道的聊天

打招呼之后再加上一两句话，就是聊天最实用、最简单的公式。即便失败了也没关系，你要记住，聊天不怕说错话，没话说才尴尬。

第 1 课　让点头之交变成闲聊的好伙伴

“Hello！ What would you like to drink,orange,coffee or tea？”

“喝什么？”

小丫头片子（空姐）有两副面孔。

金星这个“橙汁”的段子已经众人皆知了。难道只有这个空姐有两副面孔吗？不，你也有。

“把窗户打开，快点！”

“您热吗？是不是也有点闷，要不我开一下窗户吧，过一会儿您要是冷了我再关上。”

这就是两种不同的语气，前者是你跟家里人的对话，后者是跟你老板的。你肯定不会用在家说话的语气来跟自己的老板说话。

为什么会这样？因为交流难度与交流者之间的关系亲密度有关，

语境越复杂、交流者之间的关系越陌生，交流就越困难。因为人性是有缺点的：越熟悉的人自己越不在乎，越陌生的人才越重视。

所以，我们首先从难点开始，聊一聊如何和陌生人交流。

聊天，从打招呼开始

日常聊天通常是从见面打招呼开始的。打招呼，相当于给聊天开了一个头，但是之后的聊天内容才是重点。由打招呼到聊天的这个过渡就很重要了，不能冷场、不能生硬、不能无聊，能做到这三点还真不容易。

所以，我们与很多人有点头之交，但是可能也错过了不少发展成朋友的宝贵机会。“成了磕头虫的最爱，却没有人知道你的无奈”说的就是这种情况。在打过招呼之后，我们该怎样开始一次聊天呢？

首要的一点就是：打过招呼，马上就要进入聊天的气氛。

很多时候，你和朋友或者陌生人见面，在说完了“你好”或“早上好”之后，会出现一个短暂的沉默期。在这期间，如果你们没有继续说话，那么聊天就无法正常开始。如果你想要继续聊下去，就需要马上打破这个沉默期。

比如，你在等公交车时遇到了同事。你们热情地打了招呼，但是在打完招呼之后，不出所料地沉默了，进入了聊天的尴尬期。如果这一天是休息日，自然不适合再讨论工作上的事情，应该随便聊聊，可是到底该聊些什么呢？

这个时候，应该主动谈起一个话题，让对话得以继续。

这个话题并不需要你在心中酝酿很久，而是从恰好看到的事物入手。比如，你正巧看到车站对面一家餐馆正在收拾门面。

这时，你就可以说："哟，对面新开了一家店啊，上次经过这里还没挂招牌呢。"在你开口后，对方通常会给予礼貌的回应，他也许会说："是啊，看上去不错。"这时你就可以接着说："不知道这里的菜做得怎么样？看起来环境还不错。"对方也会继续接话："嗯，在这个地段开的店，应该不错。"

你看，只需要找到一个话题聊上几句，就能顺利度过这段尴尬期，从打招呼进入聊天的状态。因此，在打招呼之后的很短一段时间里，要迅速寻找身边可以利用的"道具"——足够明显的事物，让你们双方都有交流的基础和发挥空间。这样一来，对方会感到很舒适，你们之间的心理距离就会缩短，对方也会认为你是一个很好的聊天对象。

这是两个交情比较浅的人之间聊天的情景，还有一种情况就是你和陌生人之间的对话。在工作环境和生活环境相对来说比较固定的情况下，你通常只能和有限的几个人打交道，你们很熟悉，明白该聊些什么。但是，如果有一天，你面对着一个陌生人，该怎么办呢？

遇到陌生人就试着找话题

比如，还是在同一个公交车站，车站里只有你和一个陌生人。你当然可以无视他，但是同样也可以和他打招呼问好。这个时候跟陌生人打招呼，不一定要说“你好”或者“幸会”，可以直接从某个话题聊起。

如果你说：“今天的雾真大啊，搞不好会晚点了。”

对方可能会说：“是啊，上班可能要迟到了。”

你可以说：“唉，不管怎么样，注意安全才好。”

三言两语间，你们的关系就被拉近了。这时你可以简单地介绍自己，和对方相互问候。之后，聊天就自然而然地进行下去了。

有没有觉得这跟英美剧里搭讪的桥段很像？不过要特别强调的是，**在和异性聊天时，一定要注意自己的举止。**

如果你是一位男士，想和一位女士打招呼聊天，那么你就要注意自己的态度。当然了，不能像特工对暗号那样理性而冰冷，你得热情而积极，但一定不要过于热络和亲昵，这样会显得轻浮。过于热情会让对方感到不舒服，从而对你产生防备心理，在心里骂你一万遍“神经病”。这样一来，你们就会不欢而散。

另外需要注意的是，**在寻找聊天的话题时，要注意场合和分寸。**在某些场景中，有些话是不适合说的。有人来你家做客，你可以说“欢迎来我家”。但是，如果你在医院工作，朋友去找你，你可不能说“欢迎来医院”。这就像在食堂碰上的时候，你可以问一句“吃了吗？”或者“吃完了？”，可是在卫生间碰上的时候问这么一句就非常尴尬了。

所以，与见面时只是简单地打个招呼相比，如果能聊上一阵子，会让人更有朋友的感觉，而不仅仅是点头之交。你的人际关系就是这样一点一点建立和深入发展起来的。如果你们曾经一起聊天，在对方看来，你就不再是那个“我和他见过一面”的人，而是“我和他还蛮聊得来”的朋友。对方会认为你很亲切，愿意多跟你接触。随着聊天次数的增多，你们之间的关系也会越来越近。

总而言之，**打招呼之后再加上一两句话，就是聊天最实用、最简单的公式。**即便失败了也没关系，你要记住，聊天不怕说错话，没话说才尴尬。

光说不练假把式，下次上班在公交车站试试吧！

第 2 课　向女生学聊天

如果你喜欢观察身边的人和事物，就会发现这样一种现象：

在咖啡馆或者甜品店里，除了一些情侣在“撒狗粮”之外，其余的客人通常是一群女生。她们会围坐在一起热烈地聊天，并且永远情绪高涨，可以精力充沛地聊一整个下午。

A 说：“你们最近看那个电视剧了吗？还挺好看的！”

B 马上附和：“看了啊，男主角真帅，我觉得我‘老公’又该换人了！”

C 很不屑：“切，你们听说了吗？那个男主角出轨了欸！”

A 接过话茬儿：“可不是嘛，我也听说了，还有人说是因为他老婆刚生完孩子变成了黄脸婆，真搞不懂人们现在的三观！”

B 还是会维护一下自己偶像：“不过他老婆确实没那么漂亮了嘛，那天看她上节目，眼角都有鱼尾纹了。我觉得女人一定要注意保养自己。”

C 又说：“哎，对了，说起来，最近 ×× 牌子面膜在打折，很划算的！”

这个时候，A 和 B 可能会满脸兴奋并且异口同声地问女生 C：“真的吗？哪里有卖的？快发给我……”

女生聊天的特点

看到了吗？虽然每个人就两句话，可她们换了四个话题，分别是电视剧、男主角、明星私生活、买面膜。这就是女生的可爱之处。

台湾一位女教授研究发现，男生每天的表达需求是 4000 字，而女生是 20000 字。所以，这也许就是先生在家会感觉太太特别能唠叨的原因。因为先生在公司已经把该说的都说完了，而太太却不是，她只好在家里完成每天表达需求的“任务量”。此外，这 20000 字通常具有如下特点：

没有主题，没有过渡，没有目的，没有结论。

如果体会一下上面三个女生的对话，你会发现她们的聊天内容从头到尾都没有一个统一的、固定的主题，而且非常具有发散性。如果你上了一趟厕所回来，就会发现她们的聊天话题已经从“今天的蛋糕”变成了“老板家的狗”。

那她们又是怎么过渡的？完全有可能是因为旁边有一个女人刚刚走过。

A说：“天哪，这人走路扭得像拉布拉多似的。”

B也注意到了：“哈哈哈，还真是！我老板就养了一条拉布拉多。”

在这种对话中，聊天者对每个话题几乎都是一带而过的，虽然聊了很多，但是对每件事都没有明确的结论，然后直奔下一个话题。当然，女生之间聊天的目的也不在于此。

在这“四没有”里，没有主题、没有过渡、没有目的是表象，没有结论却是秘诀。

男生的聊天又是什么状态

没有对比就没有伤害，我们再来看看男生之间的对话。

A先打开了话匣子：“昨晚国足踢得好臭，教练战术有问题。”

B听了就反驳道：“战术没有问题，就是中场跑动不积极，而且前后场衔接不流畅，队员没认真贯彻教练的意图。”

C支持A的说法：“我也认为是因为教练的战术没有布置到位，才导致中场不知道该怎么跑动才好。”

这时候，B可能就会不服气：“你们俩是没有仔细看比赛。”

而A直接反驳：“我看是你没好好看，回去看比赛回放！”

B有点着急了：“我去，你们俩不懂球！”

C和A也不让步：“你懂球？！”

同样是每人两三句话，他们倒是有主题，可里面全是结论：“教练战术有问题”“你们俩没有仔细看比赛”“你们俩不懂球”。

聊天应该是什么样子的

之前已经说过，聊天是人际关系中的润滑剂。因此，聊天本来的目的应该是用来放松的，并不是制造紧张感。所以，在聊天的时候，我们应当秉持一个原则：**无论谈论到什么话题，都不要轻易下结论。**

因为一旦你做出了过于尖刻或者草率的结论，不仅仅代表你们今天的谈话到此为止，而且有可能造成你们的关系也到此为止，搞不好还要加上一个永久性的“封印”。

生活中最常见的结论是评价别人，比如，有人对你说：“咱们每次聚会阿明都不参加，但是他又能找很多理由，真是没办法。”这种话熟悉吧？这时候摆在你面前的就是两条路：要么跟着一起吐槽；要么绕开评判别人的“陷阱”，给对方一个“灭火器”，给自己一道“防火墙”。

所以，这时千万不要用下结论的口吻说话，可以选择试着回问一句：“哦？他都找过些什么理由呢？”

对方可能会说：“唉，不是楼下邻居吵架他去劝架，就是在路边遇到了乞讨的老奶奶然后带她去吃饭。最常用的借口就是回公司加班！”

你可以回应：“还真是没办法指责他的借口。不过说到这些，他还真是一个有爱心的人，上次他就……”

如果对方不是存心要骂阿明，那么接下来，聊天就会在一个愉快的气氛中继续下去了。这时你还可以适时地转向别的话题，比如“阿明的女朋友很漂亮”。

你只知道一次痛快的闲聊会让人感到十分轻松，但是你有没有想过其中的原因呢?

痛快而舒畅的聊天通常没有明确的目的，不需要你集中精力去思考一个问题并且得出答案。从一个话题说到另一个话题，再转到其他的，才是聊天的样子。

要记住，闲聊是用来放松的，如果需要讨论问题，就在公司开业务会时尽情问就好了。还有一点就是，聊天时不要在意对错，只要一笑就好，千万不要严肃地指正出来。在聊天的时候，不断跑题本身就是快乐!

下结论还有一个“近亲”，那就是总结。一场美好的聊天是不需要总结的。如果你正和朋友聊得很热烈，在谈完了一个或几个话题之后，你突然说道：“等一下，乱了啊，我得捋捋，刚才谈的是……”这就大煞风景了。

聊天中，无缘无故、无关痛痒的结论就是一堵让人讨厌的墙。即便对话中你想要下结论，也要保持话题的开放性，因此你要始终留意，你可以在一个话题的基础上找到一个能够引起其他人共鸣的关键词，然后顺着这个关键词展开下去，让对方能继续与你对话。

第3课　恰到好处地结束一段聊天

阿明是我们公司最会谈恋爱的人，他曾经对我说：“听说你女朋友是双子座？告诉你一个对付双子座的绝招儿，那就是一定要保持神秘感和主动权。每次分别时，最好的状态是你去意已决，而对方仍恋恋不舍；最怕的就是对方去意已决，而你恋恋不舍。”

聊天结束时，要让对方恋恋不舍

聊天的状态也是类似的：最好的聊天状态是双方聊完天，却意犹未尽、满怀期待；其次也得是自己去意已决，让对方恋恋不舍；最怕的就是对方去意已决，而你却恋恋不舍、撒手不放。

之前已经研究过了怎么开场、怎么热场，现在就说说怎么收场。

虽说“万事开头难”，但结束也不一般。这就叫“抓两头，放中间”。“抓两头”就是要处理好开场和收场，“放中间”就是不要为聊天设置壁垒式结论，造成障碍。这就是聊天最基本的模式。

果断干脆地结束聊天

我有一位朋友阿楠，他在另一家公司工作，因为他非常会聊天，所以在公司里人缘极好。平常工作时间，大家会十分紧张，如果在休息时间能有人陪你聊上几句，放松一下心情，是件让人很愉快的事情。阿楠就非常会把握分寸，绝不会把聊天时间拖得很长。

如果在休息室碰到同事，他会先打招呼，然后很迅速地找到一个话题。如果他觉得时间差不多了，就会开始一个简单的过渡“咱们边走边说”。快要走到分开的地点时，他就会找一个差不多的节点，干脆地跟对方说：“下次再聊，继续工作了。加油！”“那咱们下次休息的时候继续啊，我在咖啡间等你。”说完之后他就会笑着离开，从来都不会拖泥带水。他的同事每次都觉得十分尽兴，既能得到充分的放松，又对下次聊天充满期待。

通过上面这个例子，我们可以知道，在很多时候，干脆地结束一段聊天并不算是一个失礼的举动。如果能够在欢快的氛围中结束聊天，那么就能称得上是一次绝好的闲聊。

当双方都已经尽兴，或者一方有事需要离开时，就可以使用类似阿楠的结束语，比如：

“聊得真开心啊，但是我要赶时间，咱们下次再好好聊。”

“哎呀，真是不巧，我现在有点事要去办，但是今天聊的这些请一定要记得，我们下次继续聊哦。”

这样一来，对方会感觉到你的善意和诚意，不但不会感觉被怠慢，反而会抱有一份期待。

礼貌地结束聊天的四种策略

人真的是一种健忘的动物，很多重要的事情都得依靠备忘录，更别说那些无谓的聊天内容了。即便是那些时间不长的聊天，通常我们不记得如何开头，但很可能会记得如何收尾。一个好的收尾是下一次聊天的开始。

所以，在和对方告别时，结束语不要显得过于刻意，自然流露的感情是最真挚的。如果提出告辞的不是你而是对方，那么当对方表达去意之后，你要给予回应，让对方感受到你的热情。

如果对方抢了你的台词，说：“今天真的要走了，等下一次和你接着聊。”

你就可以回复说：“哟，聊得太开心了，都忘了时间了！快去忙吧，咱们下次聊！”

“下次”是什么时候其实不重要，重要的是你表达了对这次交流的满意度和对未来的期待。

如果不是突发状况，通常都是先有了结束谈话的意识，然后才开始寻找节点，再试探着发出信号。如果我们在家里或者餐馆招待客人，聊得非常开心，客人一点走的意愿都没有，那么我们就应该预留出五分钟左右的时间让谈话慢慢转淡，等到一个空场的时候再委婉地发出信号。

比如“今天小孩在外面玩儿了一整天，这时候该哄他睡觉了，否则今晚我就会倒霉喽”，这种口气虽然像是自言自语，但是通常来说对方都会明白不能再继续聊天了。这样的“逐客令”既能达到很好的效果，又不会让对方觉得尴尬。

没有孩子的人怎么办呢？那就说关于女朋友的：“唉，陪女朋友逛了一天了，身体仿佛被掏空了啊！”客人要是心疼你，这个时候就该知道要起身告辞了。

连女朋友都没有怎么办？别忘了还有领导，你就可以说：“领导这两天又安排了新的任务啊，每天都要累死了！”

反正，你得有一个被迫承担责任的主体，不是孩子就是女朋友，关键时候，领导也得跟着“背锅”。好了，现在我们来总结一下，想结束一段聊天时可以采用的方法。

第一种，当你想结束聊天的时候，可以有意识地做出短暂的沉默，让对方逐渐习惯话题中没有你的参与。这样一来，你在沉默一段时间之后提出告辞的时候，对方会更加理解。

第二种，如果聊天中的某一个话题即将结束，而你也有意退出，那么可以趁话题还没有转换的时候友好地道别。

第三种，可以在适当的时候给对方打“预防针”，比如你可以先说一句："不早了，我差不多该去准备今天的晚饭了。"这样一来，对方会做好随时结束谈话的准备。

第四种，你可以表达对下次聊天的期待，做出一个不那么正式的约定，例如"改天来家里喝茶"。

聊天只是每天生活中的一个片段，但是生活中的开心时刻通常都是由这些片段组成的。我们不但要有能力开始一段开心时光，而且要有能力让它圆满地结束。

第 4 课　口才差的人也能聊好天

有些人认为，那些会聊天的人一定懂得很多事情，或者有很好的口才，或者语言风趣幽默，抑或有一副性感的嗓音——自带混响的那种。还有些人觉得，自己的表达能力天生就不是很出色，与其一开口就闹笑话，还不如什么都不说。

“会聊天”其实没有那么高的要求

虽然很多时候我们要奉行“沉默是金”这种美德，但是为自己在聊天时的沉默找借口就是另一回事了。

其实，聊天的内容并没有你想象的那么重要，与之相比，真诚的态度和饱满的情绪则是你更加需要的。生活中你一定会有这样的感受，坐在旁边的两个人在聊天，如果彼此客客气气，还偶尔冷场，你可能都不会注意到他们。

但如果两个人眉飞色舞、有说有笑，你就会不自觉地去关注他们在干什么，为什么那么开心，甚至会支着耳朵听，虽然之后可能完全不记得他们说了些什么，但是那种热烈的氛围却让你久久不能忘怀。

所以，**聊天的第一要务不是内容，而是氛围。**正如我们在序言里说的那样，“聊天”不是“口才”，口才差的人也能聊好天，因为好口才需要用脑，而聊好天要用心。

到这里才刚刚开始了解“聊天”这件事，所以没有多少要求，但一定要注意保持气氛，至少要真诚地回应。

跟着日剧《深夜食堂》学聊天

不知道你们有没有看过日剧《深夜食堂》，其实剧里老板的台词并不多，大部分时间是在倾听，但是每位客人都喜欢和他聊上几句，而他每次的寥寥数语也总能打动客人。

在第三季的第一集，女歌手鹿岛美沙绪因为丈夫阿泰去世就不想再唱歌了，甚至都没有办法一个人去吃以前经常和丈夫一起去吃的炸猪排。当丈夫去世后，她第一次来到深夜食堂时，老板习惯性地问候“欢迎光临”，一看是美沙绪，便带着调侃的语气说：“我还以为是谁呢。”等美沙绪坐好，老板又很亲切地说：“等等，我马上去做。”做好之后，美沙绪咬了一口，悠悠地说道：“阿泰临走前说很想吃炸猪排，我就说等他康复后一起去。”老板回应：“阿泰喜欢吃这个啊！”美沙绪哭了起来，老板也没有慌张，而是温柔地说：“就别勉强自己了，炸猪排我给你打包，给阿泰供上吧！”

美沙绪再次一个人来的时候，开心地跟老板说：“我现在吃炸猪排都不会哭了。”老板也是戏谑地感叹：“嗯，每次都哭，我也很头疼啊！”老板想鼓励美沙绪从亡夫的悲痛中走出来，于是随意地问了一句：“美沙绪小姐，你还是不想唱歌吗？”

美沙绪说：“阿泰死的时候，我还在台上唱着情歌。我真该早点做回普通人，当一个好太太。”

老板微微叹一口气：“我觉得阿泰喜欢的可能不是一个普通的女人，而是唱歌的美沙绪小姐吧！”然后就径自进了厨房。

这里面至少包含了三个层次的内容：第一，“阿泰爱你，一直爱你”；第二，“阿泰爱的是你，所以你应该就是原来的你，不要自责”；第三，“你本来就不是一个普通的女人”。你说谁会不喜欢这样的话？从另外一个角度分析，老板的话一点都不敷衍和虚假。

阿泰是一个词作者，生前爱美沙绪，所以每一首歌词都是写给美沙绪的情书，他怎么可能不爱唱歌的美沙绪，这是事实。现在阿泰已经不在了，可美沙绪和丈夫合作的歌都在啊，还能给别人带来爱意，为什么不唱呢？这是逻辑。最后，“不普通”恐怕不仅仅是指唱歌吧，应该还包括美沙绪和阿泰的爱情，这就是潜台词。

是的，这都是台词，但是这片子为什么励志？因为有营养。注意刚才用到的形容词，“调侃”“亲切”“温柔”和“感叹”等。**老板**

的语气变化幅度不大，但每一句都是在真诚地回应对方。特别是那句“阿泰喜欢的可能不是一个普通的女人”，看似不惊人，实际上却是字字千钧。

想要成为聊天高手，从语气开始吧

条分缕析地分析这段台词，就是告诉大家，只要用心就能聊好天。那么，我们从哪里入手呢？语气。

朋友然然除了我这样的发小以外，朋友很少，因为大家都说他太过于高冷。其实，然然的口才虽然算不上出众，但也绝对算不上高冷。

那么，为什么还是没有人愿意和他聊天呢？**问题就在于，无论聊什么，他的语气和声调都是一样的，没有任何情感变化。**

这样一来，听他说话就好像是在听导航指路，然而，导航语音中的林志玲比他温柔，郭德纲比他幽默。后来他也意识到输给阿尔法狗不丢人，但输给导航语音就是一个严重的问题了。

于是，他就经常练习聊天说话时的语气变化，有时还会跟着电视剧说台词。说话真的是件一分耕耘、一分收获的事，然然很快就能准确表达自己的情绪了，甚至是比较细微的感情。大家都觉得他变化很大。

在古代，许多人不太喜欢会说话的人，孔老夫子就不喜欢会说话的人，他说“巧言令色者，鲜矣仁”，意思是说，会说话的人少有好东西。他喜欢颜回那样“敏于行而讷于言”的人。如果孔子今天还在，他敢发这样的朋友圈吗？庄子肯定会评论：“我不介意漂洋过海来黑你！”

有些人不管走到哪里人缘都很好，人缘也被称为“人气”，这里面所说的“气”，在我看来，指的就是吸引人的能力。就说马云吧，他之所以那么厉害，人缘好是一个非常重要的原因，阿里巴巴能有今天的发展，跟他自身的人气是分不开的。

第 5 课　赞美的艺术

学会称赞，是好的聊天中非常重要的事情。

赞美的魔力

阿楠十分懂得聊天之道。有一次，我和他一起去他朋友家里，女主人端出了自己亲手做的蛋糕，阿楠不但称赞主人点心做得好吃，还赞美蛋糕上的裱花十分精美。女主人听了非常高兴。

后来女主人做了点心就经常请我吃，还让他老公上班的时候顺路送到我公司来。你没看错，是送给我而不是阿楠。因为阿楠只夸了蛋糕啊，而我直接夸了女主人，夸她心灵手巧，还特别夸了他们夫妻俩这么会吃，身材还都保持得那么好！

由此可见，**真诚的赞美不但能让聊天变得更加轻松和愉快，还可以快速地拉近彼此的距离。**从心底里来说，我们每个人都是喜欢被别人称赞的。当你听到别人的真诚赞许，都会打心眼儿里感到高兴。因此，如果有人真诚地赞美你，你就会对这个人产生亲近的念头。

前两天看一个视频，香港作词人黄伟文讲了一件小事。他说曾经去参加某个节目的录制，那时他还是一个刚出道的小艺人，中间休息的时候，他就自己坐在一个小角落里，没人注意到他。

这时，沈殿霞看到了他，和他热情地打招呼，说："你的衣服好漂亮，是在哪里买的？"他觉得终于有人注意到了自己，非常开心。后来突然想到，肥姐怎么会找他来打听买衣服的地方呢？她只是想通过这种方式，让新人感到自己是被关注的。这既是真诚带来的温暖，也是赞美带来的力量。

赞美应该是具体的

赞美其实不需要多华丽的辞藻，赞美最需要的就是你的眼睛——你要赞美你看得到的东西。那些间接的、流于表面的、笼统的夸奖是没有用的，通常会让人觉得你是在敷衍他。

女孩问你："我漂亮吗？"你回答："嗯，真漂亮。"——out。此时把"out"翻译成"出局"都不足以解恨，最好翻译成"滚"。有耐心的女孩会追问一句："那我哪里漂亮啊？"你就应该找到她跟往常相比，你一眼就能看到的、最直观的不同："你今天的发型真漂亮""你今天穿这条裙子真显身材”等。

你可能又要问了，该怎样发现应该称赞的东西呢？就从眼前所见的东西里寻找。这件东西可以是对方的妆容、气色、身材、服饰、动作，等等，总之应该是具体的。这样的赞美才会让人觉得你是真诚的，不是随口说说。

还有一点需要留意的是，**我们在赞美对方时，要尽量选择对方独有的优点或者进步之处**。如果你要夸她的发型好看，你还可以再具体一点，比如：“你本来就很可爱，梳了这个发型就更显得活泼了”，或者“你的脸本来就很小，梳了丸子头显得更年轻了”。

如果你还注意到更细微的细节就更好了，比如：“为什么你的丸子头盘得这么圆啊”“我觉得你染的这个颜色特别适合这个发型”，等等。

对一眼就能看到的事物大可不必吝惜赞美之辞，但如果是**针对个人能力的赞美，就不太适合闲聊时随口谈起**。因为太假了。如果你夸对方“我觉得你的判断力特别准确”，但是又举不出合适的例子，对方就不知道该怎么接你的话。如果你有一双善于发现的眼睛，能够找到对方能力展现的地方，那你就不用等了，直接大声说出来。

比如你跟阿楠一起去开头说的那位朋友家里做客，阿楠已经表达了对主人热情款待的谢意之后，你就可以夸奖一下主人家里雅致的装饰、温馨的布置，然后夸一夸主人的品位和生活趣味。但是，你得确保你略微懂行，否则多聊几句就很容易露馅儿。

在《阿 Q 正传》里，阿 Q 看上吴妈之后，跑到吴妈面前说：“我要和你困觉！”吴妈上来就给了他一个大嘴巴，然后哭着跑出去了。

你说哪有这么说实话的？如果阿 Q 学习了这节内容，给真实的目的套上赞美的外衣，比如，“你就像天上的云，投射在我的波心”，吴妈听了也许就醉倒在他怀里了。

第 6 课　聊天时要避免争辩

美国的一位知名心理学家曾经做过这样一个实验：他把很多人之间的对话都进行了录音——从路人甲乙丙丁的谈话到联合国大会上的辩论。对大量的录音进行分析之后，心理学家有了一个惊人的发现——

最会说话的人最难说服别人

这个发现就是，我们通常认为的最会说话的人最难说服别人，比如那些谈判专家和雄辩的政客；相反，那些走街串巷的推销员最善于得到别人的肯定。

这个结论有没有点“不走寻常路”的意思？但是转念一想，我们可以从人与人之间最基本的情感沟通的角度来理解。

政客或谈判专家与人辩论时，习惯站在对立的角度来考虑问题，习惯去争取胜利，于是就抓住对方的某个破绽或者弱点猛烈进攻，从而达到瓦解对方内心的目的。

但是这种辩论技巧用在日常聊天的劝服中却会适得其反，因为在地位平等的谈话中，这样的争辩只会激起对方更强的斗志和防御措施，结果造成双方互不相让，自然就很难达成一致。而推销员则会尽可能地对推销对象表达赞同和肯定，这样会拉近双方的距离，让人更愿意购买他的商品。

不可否认，我们都希望能表达自己的观点，同时还希望这些观点被人认可。但是你要明白，不止你会这样想，其他人也是如此。如果我们开口就要争辩，那么人与人之间就无法正常交流了。

一个人的观点可以笼统地分为两种：一种是必须坚持的立场和原则，是丝毫不可以改变也不可争论的；**另一种是**可以探讨的观点，是对于事物的一些看法，而这些看法可以适当讨论，但是也没有争论的必要。聊天是用来放松的，为什么要去和别人争个面红耳赤呢？

既然是闲聊，何必争出对错

你在生活中一定遇到过这样的情形：两个很要好的朋友在一起闲聊，却因为鸡毛蒜皮的小事吵得不可开交。轻则两人好长时间互不搭理，重则断绝交往，以致各自都失去了一个知心朋友。

有次我跟阿楠聊起电影《金刚：骷髅岛》。我说：“你说杰克逊老师干吗一定要杀金刚啊，他不觉得他跟金刚长得特别像吗？”

阿楠没有接这个梗，反而一脸鄙夷地看着我：“你没看出来这是越战背景吗？好战的一定要死，否则就不足以表达‘反战’这个核心思想了。”

我的脾气就上来了，说：“哦，用好战者的死来表达‘反战’的主题，这才叫南辕北辙吧？这种境界也太低了吧！你知道擎天柱为啥不消灭威震天吗？因为置对方于死地不能真的解决战争啊！”

阿楠的风抽得更厉害了：“金刚和变形金刚有半毛钱关系啊，你跟一只猩猩怎么可能讲道理啊？”

“虽然讲不了道理，但是金刚最没有战争的意愿啊……”

这跟之前说过的下结论有关系，但还不太一样。“下结论”是抛出观点，而“争辩”不仅要抛出观点，还要费尽心思希望别人接受你的观点。换句话说，结论可能是变成争辩的开端，争辩则是不停地下结论。

既然是闲聊，何必争出一个对错呢？何况每个人的喜好和品位都很主观，适当地了解对方并且让对方了解自己是一种很好的交流，但一定要对方遵从自己的意愿就是强人所难了。其实抛开对电影本身的争议，我们完全可以从中找到其他值得聊的话题。

于是聊天就变成了这样：

“你说杰克逊老师干吗一定要杀金刚啊，他不觉得他跟金刚长得特别像吗？”

“好吧，我一直以为景甜扮演金刚呢。真要是景甜演金刚，你说杰克逊还能下得去手吗？”

“对啊，我觉得景甜实在太给力了，只有她从头到尾发型一丝不乱，脸上的妆都没变！”

“哈哈哈，可不吗？”

“吐槽”不仅有益健康，还会让话题朝新的角度扩展开来，越聊越开心。

戒掉争辩这个坏习惯

你要知道，如果你试图证明自己是对的，因而不肯让步，那么对方也会做同样的事。你们各执一词，不但不会说服对方，而且也产生不了什么有意义的结果。

即便对方偃旗息鼓不再和你争辩，也并不代表你赢了，更大的可能则是你失去了一个朋友。因为对方或许会担心每次和你聊天都会有这样的结果，所以再也不和你说话。

其实，有些争辩往往是我们预料之外的。彼此可能只是出于激动或者兴奋发表了一些观点，一时没有想到它可能带来的负面影响。

中国有一句老话，叫作“言者无心，听者有意”。对方可能会认为你是有意与他作对，于是争辩就不可避免地发生了。不管结果如何，有时候好朋友之间毫无意义的争辩，还是会带来细小的伤痕。

所以，我们在闲聊的时候要留意自己的言辞。即便争辩不可避免地发生了，还是要记住，绝对不能把对观点的争辩变成直截了当的人身攻击以泄愤。

再回到和阿楠讨论电影的场景，如果阿楠要誓死捍卫他的观点，再突然蹦出一句："就你那智商，比金刚好点，还不如景甜呢！"我再回击一句："你才金刚呢，你脑子空荡荡的，还好意思在我这儿装！"这样我们很可能会打起来。

所以，**在聊天时，一定要避免与人发生争辩**。这个世界绝对不是非黑即白的，还有很多的中间地带，生活真的不必太较真儿。先把对错放在一边吧，享受聊天带给你的快乐。更进一步来说，如果你能从每件事情中找到它的优点和彼此的共性，恭喜你，你一定会受到大家的欢迎。

这一课的内容让我想起了李霁野先生翻译过的兰德的一首小诗，在此分享给你：

我不和人争斗，
因为没有人值得我争斗。
我爱自然，
其次就是艺术；
我在生命的火前，
温暖着我的双手，
一旦生命的火消逝，
我愿悄然长逝。

第7课　提问是个技术活儿

我有次看一个美食节目，气得半死。那个节目内容是推广一家比较时尚的咖啡面包综合店，主持人进店之后看到一对老夫妻正在喝咖啡看报纸，于是上前问大爷："您也喜欢到这里来喝咖啡？"

第一句话就让我感到挺生气的了，什么叫"您也喜欢到这里来"？怎么，我就不能来吗？年龄歧视还是身材歧视啊？但人家老大爷回答得特别上道儿："哦，这里咖啡好。"

主持人抛出了一个微笑，然后一回头问起了大妈："大妈，您觉得这里哪种面包最好吃啊？"大妈想了一下："我觉得那个玫瑰芝士挺好吃的！"主持人似乎有了方向了，追问："那是什么味道的？"

大妈一蒙，心里一定在想：玫瑰芝士，你说什么味道的？这不跟问"老李，你贵姓？"一个道理吗？大妈憋了半天说："玫瑰味很浓，芝士味也蛮浓的。”

“那您今天怎么没买呢？”

大妈再次被问蒙了，有点委屈地说：“嗯，我今天没买……”

这主持人是来做节目的还是来砸场子的？问题本身已经很白痴了，可既然话都出口了，哪怕再接一句说“看来这里好吃的不少，您一定在换着尝鲜呢吧”也行啊，既没怠慢大妈，也宣传了这期节目的主题，岂不两全其美？

但遗憾的是，这种不知所云的节目太多了，连带着拉低了我们的聊天水平。

有时节目采用对话的方式进行，就是因为“聊天”这种形式更贴近生活、更有意思，比一个人干说好玩。但其实提问还真的是一个技术活儿，是一支锋利的矛。不过在本书中，不要把提问看成进攻的矛，倒是可以看成盾。**如果你不知道自己要聊什么，那就让对方多施展。**

通过提问，让对方尽情表达

不善于聊天的人该怎样引导对方，让对方乐意开口呢？这就需要让你的聊天对象掌握对话的控制权，让对方来提出聊天的话题。你不必多么会聊天，但关键之处在于要和对方产生互动，这种互动最简单的模式就是“提问”。要让这种提问变成良性的互动，而不是简单的一问一答。

你需要做的就是根据对方所说的话向他提问。对方提出一个话题之后，你可以用针对性的提问作为回应。对方回答之后，你可以稍微表达一下自己的感受来回应对方刚刚说的话，然后再继续提出下一个问题。即便自己并不是主动的一方，聊天仍然会很愉快。这种愉快的氛围完全来自问答的过程，与你的口才无关。

比如，你和人聊起了养猫的话题。

对方说："我最近升官了。"

你一定会问："什么官？"

"铲屎官啊！"

"嗐！"

好了，话题似乎要终结，这时你该怎么回应呢？

如果你说"我之前也养过一只美国短毛猫"，这样一来就不可避免地会谈到你自己的事情"那是一个很久以前的故事……"，或者因为你的口才限制，可能无法表达出让自己和对方满意的话，更有可能会让聊天变得索然无味。

那这时你就可以说："真的吗？恭喜你'升官破财'啊！你养的是什么品种的猫呢？"

对方会兴致盎然地回答："是一只布偶猫，脸开得很漂亮。"

你可以继续回应："哇，真有钱！"——赞美的魔力，别忘了。

然后问："什么叫'脸开得很漂亮'？""多大了？公的还是母的？"然后等对方回答。这样一来，就能够通过类似的问题让聊天热烈地继续下去。等到对方把这个话题聊得差不多了，可能就会反问你："你养过猫吗？"你就可以回答说："听你这么一说，我也想养一只布偶猫了。”

人们都有这样的心理，那就是都想多聊一些自己喜欢并且了解的话题。只要你能把握这个原则，对方就会尽情地说起来，你们的聊天也一定会进行得很顺畅。同时，你还能学到一些新的知识，这样可以说是双赢了。

虽然有时我们对碰到的话题真是不感兴趣，但还是要给足对方面子，至少让这个话题进行一段再收场。

比如在一个饭局上，你的邻座和你聊起了足球。对方问你：“昨晚看球了吗？”如果你回答“我从来都不看足球”，对方就会很尴尬。如果你回答“哦”“嗯”，然后顾左右而言他，“今天这个虾做得不错，你赶紧尝尝”，对方可能夹走一个虾，然后跟另外一边去谈球。你不仅没有避免足球这个话题，还失去了交朋友的机会。

其实你可以做出另一个选择，即便你对足球一无所知也没关系。因为提问的人通常提出的都是个人感兴趣的问题，所以你可以回问他同类型的问题，通常对方也会很乐意回答。

你可以说：“好久没看球了，昨天有什么比赛？结果怎么样？”这样就可以把这个话题继续下去，你只需要说一些辅助性的话，比如：“真的吗？后来怎么了？”即使是这样，也不至于太失礼或者尴尬。

提问的三个注意事项

首先，要注意，提问不是发射连珠炮。

可能你想让对方感到你很亲切，或者你想多了解一些对方的信息，因此不自觉地开启了连珠炮模式。但是你要记住，连珠炮式的提问会让对方感受到压力，并且产生防御心理。

因此，你在提问的间歇，要给对方一些提问的机会，并且回答这些问题。如果你觉得自己的口才不好，可以回答得简略一些。只要你足够真诚，对方就会接受。接下来你就可以继续提出问题，让对方占据主导位置。

其次，提问不是查户口，有些问题不适合在聊天的时候提出。

比如你问："你一个月的薪水是多少？你结婚了吗？你有孩子吗？"这样直白地打探对方的隐私，会给对方带来烦恼，心狠的就直接怼你了。

像刚才那个谈猫的话题，对方说养了一只布偶猫，你立马开问："哇，布偶猫挺贵的吧？你花多少钱买的？""你一个月赚多少钱啊你就养布偶猫？""你老婆同意你花那么多钱买只猫吗？你们俩不会吵架吧？"此时此刻，对方心里想的一定是：来人哪，把他给我拖出去！

最后要注意的是，有些问题得注意提问的方式。

你的本意可能是好的，但是表达出来却变了味。比如对方刚刚从公司离职，你开口就问："听说你被解雇了？哎呀，解雇就解雇了，那份工作本来就挺累的，早就说过不适合你。"

此时此刻，对方心里的戏怕是也很足：来人哪，扶我起来，我要撕了这个人的嘴！

但是，如果你能用另一种表达方式来提问，就会带来完全不同的效果。比如："听说你从原来的公司离职了？正好可以休息一下，你最近也实在是太辛苦了。以你的能力肯定有更好的平台。"

你看，同样的意思，换一种方式表达出来，就能给人不一样的感觉。对方能够感到你的关心，还会对你十分感激。

学会了这种方式，哪怕你不怎么会聊天或者口才不好，也可以和对方聊得很开心。不过，把聊天完全交给对方是正确的吗？

第 8 课　恰当的回应很重要，但不要做“树洞”

传统相声当中有这样一句开头：“一个人说是单口相声，两个人说是对口相声……”对口相声是相声当中最主要的表现形式，其中负责“抖包袱”的那个人叫逗哏，站在旁边说“嗯”“啊”“对”“可不嘛”的是捧哏。

少了捧哏，相声的味道就会差很多。郭德纲经常一开口就挤对于谦：“我们说于谦他爸爸，老王头啊……”你说少了于谦，郭德纲得少了多少灵感，我们得少了多少乐子！

捧哏的奥秘就在于适当的回应！

聊天也需要“捧哏”——恰当的回应

一场合适的聊天，双方发声的机会应该是均等的。当然，根据实际情况的不同，要及时掌握和调整自己的节奏，让话题始终在两个人之间进行互动，而不是单方面的表达。

之前讲到，如果你的口才不好，或者找不到聊天的话题，那你可以通过提问的方式来让对方占据聊天的主导权，从而让聊天得以继续。虽然要以对方为主，但如果一味地让对方说话，可能对方会觉得你们这不是在聊天，是你在做采访。因此，**除了提问，还要对对方的讲述做恰当的回应，才能让聊天更加圆满。**

有段时间特别流行谈话节目，其实谈话节目就是把一个有过初始设计的、有多种媒介配合的聊天展示给观众。或许有人说聊天有啥好看的，但是好的聊天真的很吸引人。因为聊天过程中，除了说出你的故事，还有对方非常好的回应。

首先，回应是节奏的调整。

同样一个故事，主持人说：“我知道你遇到了一个非常大的困难，介绍一下当时的情况吧。”于是，主持人的使命似乎完成了，嘉宾可以一个人讲半个小时，台下的人则昏昏欲睡。

但如果换成一系列问题和回应，比如：“我知道当时最大的问题是资金问题，那你最先想到的方法是什么呢？”“那他当时怎么说？”“最先求助的人就碰壁了，你当时是不是很灰心？”“真的？我都被你这番话打动了！”“到了这个时候，他有没有被你的坚持打动？”……一个故事被拆分成了几个“短平快”的层次，听上去就舒服多了。

其次，回应是情感的共鸣，能让气氛更加热烈。

所以绝不能像某些主持人一样，一副天真脸地回应：“啊？真的假的？”“有时候是这样的啊！”“为什么？不会吧？”“……啊，真的很搞笑啊，笑死人了……”这些回应让人觉得很不自然。

所以，**适当的回应不仅是刷一下自己的存在感，更是表达自己想与对方交流的意愿和对共鸣的真实反应。**

聊天中常见的两种回应

聊天中的回应主要有两种形式。

第一种是同步。这个最常见，也最简单，“同步”就是在对方进行表达的过程中，或者谈论一个较长的话题时，我们要用一些辅助用语表示我们正在认真听，而不是敷衍。

这种回应可以很简短，并不需要你表达太多，因为表达太多反而会打断对方。因此，当对方说到某个段落时，你就可以说一些“的确是这样”“你说得没错”“我也这么认为”之类的话。哪怕是“嗐”“我说呢”“这都哪儿跟哪儿啊”这些回应都行，于谦老师的语录都可以用上。

同时，除了语言，你还可以用一些肢体动作加以配合，例如表情或眼神等。跟捧哏一样，虽然简单，但不能没有。

第二种是拓展，表示你已经清楚地听到了对方的话。

比如，你在和人聊天的时候，对方说刚从丽江回来。你就可以问："丽江的景色怎么样？上次看了那个打人的新闻有点害怕啊！你还挺顺利的吧？"对方就会感受到你的关心，明白你的态度，接着和你说起旅行中的故事，让聊天愉快地进行下去。

给出回应时，切忌预测

在给予回应时，首先不要对接下来的聊天内容做出任何预测，要等到对方说完或者告一段落的时候，再发表自己的意见。

如果对方确实是因为某些词句一时怔住，想不起来，那你顺着思路提醒和接话是合理的，但如果对方话还没说完，你就回应说："啊，我知道了"或者"我早就明白了"，这样会显得非常不礼貌。

在对方看来，你就好像在说："好了好了，我都听过了，别啰唆啦！"如果对方话说到一半，你就从中接话，甚至把后面的一半抢着说完，那么对方很可能会表示不满，甚至可能说"我想说的不是这个"或者"你怎么知道我想说什么"之类带有明显情绪的话。

要注意，回应的时候不能太过热情，让人觉得有表演的成分。

对方说，我刚刚从丽江回来。你挑起眉毛，瞪大眼睛，大声地回应："哈，是丽江！"你这样反应，对方可能觉得你精神有问题。

当然了，如果你在回应对方时显得十分随意，就会让人感到被冷落，不愿意继续聊下去了。比如，阿明兴奋地向我展示他的手机："你看，我把屏保变成这样了！”我说：“哦”。阿明说：“我也帮你换一个吧！”我说：“不用。”阿明问：“你没事吧？”我说：“没。”阿明说——阿明根本没话可说了，全剧终。

有时也真的避免不了碰到一个很啰唆的人，那就记住三字箴言：忍、问、收！“忍”是告诉你不要生硬打断，给他一段表演的时间；“问”就是记得在适当的时候进行提问，将对方的话题转移到别的角度；“收”就是适时打断，你应该已经想起来阿楠的那句“下次再聊，继续工作了，加油！”

无论是谁，都不能在聊天时占据百分之百的主动位置，要根据具体的情形合理地调整话题的主导权。就像一场球赛一样，即便是国足的水平，也不会让对方一直进球而毫无反抗，而总是要碰到球的，对吧？

第 9 课　哎呀，好像忘了最初的话题

“咦？我们最开始聊的是什么来着？”当你冷不丁问这么一句的时候，聊天中的所有人，包括你自己在内，恐怕一时都无法回答这个问题。但这是个好现象。当你在聊天时听到这句话，或者感受到这个状态时，那就说明这是一场足够欢畅的聊天。

好的聊天就是会“跑题”

在一场十分愉快的聊天中，不会只聊一件事。因为只聊一件事不叫话题，叫专题。随着聊天的深入，话题会一个接着一个地出现。如果你能发起话题，就会让聊天在欢乐的气氛中继续下去。这并不是一种刻意引导话题走向的技术，而是让你学会如何找到新的话题，让你

成为聊天中的活跃分子。

找到新话题不是让你跳出当前的聊天话题，或是重新说起一件之前没有谈到过的事情，而是**要根据正在进行的对话自然引出下一段对话，**让两段对话毫无隔阂地连接在一起，顺畅地进行下去。

所以，在引起新话题的时候，你不能说：“好，现在我来说一件事，大家可能都没有听说过……”而是要说：“哎呀，说起刚才那件事，我上次就碰到过……”

每一场十分尽兴的聊天，都少不了这样的联想和引申。人们会通过某个词或者某件事引出几个话题，这几个话题又会引申出更多话题。新话题开始之后，原来的话题就被自然搁置在一边。这样一来，你们的聊天会变得越来越发散，话题也越来越多。举个例子，你和朋友看到了一个榴莲，他随口说起：“哇，这么大的榴莲！”

你第一个联想到的就是有人不喜欢它的气味，于是说：“你知道吗？我有一次买了榴莲回家，在公车上就忍不住拿出来吃，结果被骂惨了。但是我还是忍不住啊，所以从此以后每次买了榴莲，我就蹲在水果店外面吃两块再带走。你因为吃榴莲被嫌弃过吗？”

这时候，你的朋友可能会分享一个他的故事，而你就可以从他的故事里再找到一个新的话题。

用好“说到”这个过渡词

有时“套路”真的很管用，至少在你没有灵感的时候，它是一个基本的顺畅过渡的保障。当你在发挥联想能力的时候，可以使用几个词语来作为过渡语，让聊天顺利地切换到下一个话题。比如“说到”。

朋友跟你聊起刚刚结束的旅行：“上海的外滩真是漂亮，外国人特别多！”

这时你可以说：“是啊，上海外国人真的是挺多的。不过说到外国人，我最奇怪的就是他们不怕冷吗？上次在陆家嘴的时候，天气很冷，我还穿着羽绒服呢，竟然看到两个外国人穿着短袖……”这就已经由“人多”的话题转换到“服饰”上去了，其实还可以继续转换、延伸，还能转个圈回来，不信你往下看。

“可不，外国人是真不怕冻，你这种喝粥长大的能跟吃牛排长大的比吗？”

“你可别说牛排了。好家伙！一大块肉往桌子上一放，看着就没食欲，还是中餐好吃！”

“那是你没吃到好牛排，外滩有好几家牛排店特别好，就是贵。”

“嗐！外滩人太多了，到处都是人，怕没座位就没在那儿吃。而且外国人也多，所以都是西餐。”

既可以无限拓展、延伸，也可以闭合式地循环，只要你想继续，那么聊天就会这样进行下去。“说到”这个词能够把上下两个话题自然地连接起来，不会给人突兀的感觉。

说到……让我想起了……

把“说到”这个词扩展一下就可以加上“让我想起了……”。

比如你的朋友对你说：“这几天好热啊，害得我胃口不好。”

你可以接话：“我也是啊！说到热，我想起上次去郊游，天气也是这样，我在路上热得差点中暑，幸好地铁站外面卖瓜的老爷爷给了我一块西瓜，我才缓了过来。”

假如你的朋友顺着“西瓜”说下去，那么你就可以用“说到”继续发散：“说到西瓜，前几天吃的越南西瓜真是不错。”“说到越南，那里的春卷真是好吃呢。”“说到春卷，过年的时候家里做了好几种馅的，很受欢迎。”

如果你们两个都是吃货，就可以继续在菜谱里转悠；你们要是特别关心时事，甚至能从春卷谈到特朗普。

有次阿明就是用这个方法跟一位著名连锁酒店的女经理聊得非常投机。阿明说：“说到酒店，我还真觉得不一定要多豪华，但起码要私密性好，我想起了小时候自己的房间。现在想想，虽然它特别小，又特别普通，但是那种完全属于自己的感觉，就让人很安全。”

这时女经理的眼睛好像发出了光，说：“对啊，每年大部分时间在外面跑业务，像我们这些人会更想家，想念小时候生活过的地方。”

阿明又马上抓住“小时候”这个词往下接：“说到小时候，我记得那时外婆还会带着我去田里钓小龙虾，每次都能钓一盘！哪儿像现在，小龙虾都卖这么贵了！”

阿明不仅善于引起新话题，还特别会停顿，他一定会**停在一个开放式的结尾上，**这样既可以往小时候的那些趣事上聊，也可以往美食方面聊，甚至可以就此谈谈物价。

生活中可以有意识地锻炼自己的联想能力，随意找到一个话题，然后向外发散，从看到的某样事物展开联想，然后和你的同伴聊起这个“联想到的新话题”，之后询问对方是否有类似的经历。

等他说完之后，再适度引出一个新话题。最后，当你们聊着聊着就会突然发现：哎呀，好像忘了最初的话题了。

那么恭喜你，你也变成一个聊天高手了！

第 10 课　从闲聊中找到话题并展开

在类似相亲的游戏活动或速效社交中，如果你不是抱着“我一定要在这次活动中找到对象”的目的，那么在通常情况下，往往都是同性之间更聊得来，而异性之间的短暂聊天普遍会冷场。

因为**在一场随机的聊天中，找到共同的话题是很有必要的。**男生可以一起聊足球，女生可以一起聊八卦，但是一男一女在短时间内找到共同的话题就没那么容易了。比如当一个男生和一个女生手舞足蹈地说起梅西和 C 罗时，女生脸上带着微笑，心里可能全部是疑问。

与男性相比，尽管女性更加擅长聊天，但是也不能总是指望让女性来找到话题。当一位女士说起手提包或者甜品时，就轮到男生发呆了。

找到可以发挥的话题

聊天都是随机地、自然地开始，没有事先准备的环节，所以聊天中将要谈到的话题也都是未知的。你不知道对方会说什么，也不能百分之百保证说起的正是你擅长的话题，如果聊天的话题是你不感兴趣的，那么这场聊天将会很快宣告结束。

所以我们要记住，想**让聊天愉快地进行，就要从对方的话里找到可以发挥的话题**。这样一来，既延续了对方的话题，又找到了自己感兴趣的新主题，聊天自然就会朝好的方向发展。

首先是**学会找到关键词，并积极地使用它**。如果你面对的是一个陌生人，或者聊起的话题是你从未接触过的，就可以使用这种方法。

具体的操作方法是，从对方的话语中找到一个词，从这个词展开，联系到自己的经历。这样一来，你们之间就会产生共鸣，从而让对话更好地继续下去。

比如，对方说："我最近在做一个新课题的工作，那个课题好难啊，每天回家都累得要死。"对方说到的这个课题是你不熟悉的，因此就可以从笼统的"工作"这个词入手，和你自己的经历产生联系。

你可以说："虽然累，但是你的工作还能学到很多东西，而我有工作也跟没工作一样。"这时对方可能会充满好奇："既然是工作，怎么会像没有工作一样呢？"现在你已经成功地把话题转移到了自己身上，并且这个话题是关于工作的，还与对方有交集。

这时你就可以谈谈自己了："我上午出门去幼儿园参加了一个家

长交流活动，中午和客户一起吃午饭。吃到一半，客户接了一个电话，又拉着我奔赴下一个饭局，介绍我认识几位新朋友。午饭后接着下午茶，等这一切结束之后我回到办公室已经5点多了，整理了一下当天的行程，6点准时下班。你看，这不是什么工作都没做？”

对方很可能会问：“你不是还没结婚吗？怎么会去参加家长交流活动？”

你回答说：“本来是去拜访客户的，可是客户要去参加活动，我就陪他一起去了，还能给他和孩子拍照。”

对方可能会接着问：“你和客户的关系真好，有什么秘诀吗？”那你就接着往下说……

找到的关键词效果不好也不要紧

有时候也可能会出现一些意外的情况，比如：当你找到了关键词，但是谈起的话题并没有引起对方的兴趣，这时你可以继续选择其他关键词来寻找话题，还可以顺着对方的话继续往下说。

比如还是刚才的对话，当对方说到最近的工作很累时，你可以选择善意地调侃一下：“是不是最近沉迷于大鹏的节目无法自拔啊，都没心思工作了吧？”当你笑着说出这番话时，对方感觉到你并不是在批评他，这时他也会笑着反驳，气氛相应就会变得更加轻松。

除了找到关键词，**你还应该学会的是转移话题。**当对方说起一个你不熟悉的事物时，你可以从这件事物的某个特点进行扩展，将它转移到你熟悉的事物身上。

你和朋友走在街上，你们看到了一间画廊。你的朋友说："你看，这里最近有印象派油画展，我要抽时间来看看。"

你对油画并不了解，那么首先可以像之前讲过的那样，开口询问："印象派的油画有什么特点呢？"而不是问"什么是印象派？"，因为这样会显得你有点无知，而对方可能一时也说不清什么叫印象派，何必呢？你就问"印象派有什么特点啊？"不仅显得你知道印象派，还不会让对方局促。

对方回答说："印象派油画往往是大片的色块，色彩很浓郁，而且能表现出光线的变化。"

这时你就可以说："哦，对了，你看前面那个大楼的玻璃幕墙就是这种大块的色块啊，我记得里面有一家特别好的餐厅，要不要改天去试一下？"

这时你们讨论的话题会过渡到这家餐厅的特色，以及你们下次的约会时间，等等。瞧，你不仅学到了新的知识，还成功地转移了话题。

抓住关键词，转移到新话题，是聊天中必备的两大招数，熟练运用可以让你在聊天中如鱼得水。

第 11 课　幽默是良药，但是要对症下药

黄渤是一个很有才华的演员。有一次他参加一个颁奖礼，主持人对他说："看来一个人的才华和颜值果然成反比。"这明显是拿他的外貌来开玩笑，而且不是十分得体，台下的一些艺人都有些尴尬，紧张地看着黄渤会怎样应对。

黄渤则一直保持着微笑，他对主持人说："嗯，我相信这句话也一直激励着您。"台下随即报以热烈的掌声。

聊天时，如果对方开一些过头的玩笑，或者说了一些不合时宜的话，这时你会怎么做呢？勃然大怒还是拂袖而去？

如果你的朋友并不是抱有恶意，或者只是为了活跃气氛而一时开了不恰当的玩笑，你当然不必如此认真地和他生气。这时幽默就好像一剂良药，既能化解尴尬，又能让对话继续下去。

作为普通人，**闲聊的时候暂时先随缘，不必有那么多话题，也不需要太多技巧。**不必刻意追求笑料，沉静时就享受安好，欢乐时就尽情大笑。就把幽默当作葱花吧，炝个锅、有个香味就挺好，要知道没有人会吃整整一盘炒葱花。

在很多时候，幽默的确可以化解尴尬，彰显人格魅力。幽默想要用得好，也要讲究技巧，这里提供一个“三不原则”。

首先是**不强求：**你的朋友并不会因为聊天冷场而责怪你，相反，刻意装幽默，只会让场面更冷。有时候我们对幽默过分执着，反而会适得其反，让人感到尴尬和不快。

其次是**“不低俗”：不要拿别人的短处和忌讳开玩笑。**幽默是有层次有境界的，低俗的话题或是黄段子除非是在极私人的场合，否则最好少说。

最后是**“不累赘”：幽默要讲究节奏。**你噼里啪啦地铺垫了半天，终于要开始抖包袱的时候，别人可能已经没有兴趣了。

幽默的“三因原则”

幽默除了要讲究“三不原则”，还要注意“三因原则”。

首先是**“因地制宜”**，要看我们具体身处什么场合。想想就知道，不是任何场合都可以随便开玩笑的。比如，当你在医院的病房里探视病人时，那么在这种敏感的场合就要十分注意自己的言辞。

还有一点很重要，那就是**最好绕开别人的隐私，**绕开对别人不友好的评价。

有次参加朋友的婚礼，证婚人其实是想开玩笑的："证婚，证婚，我得证明他们俩在一块儿谈恋爱什么的，但是他们都没告诉我他们怎么在一起的啊！我只能证明现在新娘已经有了，这也跟我没啥关系！不过，我倒是记得当初新娘跟我打听新郎这个人怎么样的时候，我就知道她忍不住犯花痴了……"

新郎新娘听到这种话会开心吗？明显不会。开什么为老不尊的玩笑！而且哪个小姑娘喜欢被人曝光奉子成婚和倒追男生？

其次，**因时而异**，这就更需要一点情商和眼力见儿了。即使对方是一个特别爱开玩笑的人，也需要看一下当时的语境，至少察言观色一下，这个时候是否适合开玩笑。如果对躺在床上的病人说："你躺床上不化妆我差点没认出来，还以为自己走错病房了呢！"床上那位肯定笑不出来。

最后，当然要**因人而异**，你必须了解你对面的那个人是谁。扪心自问，你在普通人里算不算那种有天赋的谐星？在什么场合说什么幽默的话，你究竟有没有恰当的判断？如果以上你都做不到，只是凭借自己的直觉，甚至还有一种迷之自信，想到什么说什么，那完全有可能引起旁人的不快。

一般来说，对自己的恋人或爱人、平辈的亲戚、相熟的朋友和要好的同学，比较适合开玩笑。有时候就算玩笑开得稍微过头儿，对方往往也能理解。但是，如果你们之间的关系没那么密切，而且对方是比较敏感、内向的人，那就要好好说话了。

还要注意，即使对方开朗健谈，他可以自嘲，但你不能“补刀”。人家可以说：“就我这身高，跳起来肯定能打到你胸口。”你就不能这样接话：“还胸口？你能跳到我脚面上，今天这顿饭，我请！”如果说了类似的话，结果就不是追加玩笑，而是“追尾事故”了。

幽默要区分场合，注意对象，有个分寸。你可能一时记不住所有要注意的点。没关系，但你必须牢记一条核心：**幽默里必须包含着友善之心，**从某种意义上说，能把笑话说好的人，能受大家欢迎的人，必定是真诚、温柔，而且拥有广阔胸襟的人。

第 12 课　有点咖啡有点酒

老舍先生在《骆驼祥子》中有一句话：“不吸烟怎能思索呢？不喝醉怎能停止住思索呢？”烟要少抽，最好不抽，毕竟科学证明它是“损人不利己”的东西。不过，我们把烟换成咖啡，老舍先生这话一样成立，一样有深意。

“喝一杯”的额外功效

回想一下生活中有没有这样的经历：你原本只是打算和友人一起喝杯咖啡，却没想到闲聊了一个下午；你和一个刚认识的朋友去喝茶，本来当作礼貌性的接待，最后却谈得十分忘我；有时只是打算下班后喝一小杯，放松一下，结果却是一杯又一杯……在很多时候，只要有茶、咖啡或者是酒，人们聊天的兴致就会十分高涨。

很多人都有面试的经历。面试官有不同的风格和路数，有春风化雨的，有咄咄逼人的，尽管有些人自认为语言技巧出众，但在面试过程中也会十分紧张，甚至说不出话来。

可如果还原面试场景，什么都不变，只是再加上几个小道具，情况就会大不一样。

如果在面试者和面试官中间放一张桌子，面试者就会觉得安全，紧张程度会有所降低。如果在桌子上放一杯咖啡，气氛会显得更加轻松。

我们可以回想一下，家里来客人的时候，通常都会做哪些准备工作?

通常会给客人沏茶倒水，一来是表示欢迎，二来是让气氛变得更加放松。有时还会准备一些水果和点心，道理是相似的，都**是为了让聊天的气氛更欢快和融洽**。眼前的事物能作为一个话题的切入点，从而引起一段聊天。

找聊天的理由？去喝杯咖啡吧

一杯咖啡就能够让原本紧张的面试变得更加从容，因为咖啡能够作为谈话双方的缓冲。正是基于这种现象，才有了很多大大小小的咖啡馆。每个咖啡馆里的咖啡口味可能不同，但是基本布局和座位设置都是让人放松的，因此非常适合和朋友在一起聊天，这也是咖啡馆存在的原因和意义之一吧。

咖啡馆同时还具备这样一个特点：虽然有很多人，但是每张桌子都能够保持适度的隐私。如果坐在你对面的人是你刚认识的新朋友，那么只有两人独处的话，你可能会出于本能的心理防御而感到紧张，但是，在咖啡馆里就不同了。你可以看到周围的人，但是他们不会参与你的谈话，同时你又拥有一个私密的谈话空间，这就会让人放松下来。

想想看，如果想和朋友聊会儿天，或者想找个地方和人说说话，通常会怎么说呢?

我大概会提议："去喝杯咖啡怎么样？我知道一家店，手冲咖啡很不错。"

对方通常不会拒绝，会说："好啊，我也正想去坐坐，再来点小点心就更好了。"

自己会接着说："说到点心，他们家的拿破仑做得真不错，给你看看我上次拍的照片。"

"嗯，看上去还真挺有食欲的！"

你的本意是聊天，却把咖啡和甜点当成是聊天的理由，聊天本身倒成为附属品了——**这样才会显得聊天是轻松的，**没有什么额外目的，聊天的人也会很放松，不用想着"一定要聊点什么啊"。只需要想：我只是来喝杯咖啡的。因此，聊天会自然发生，让你不知不觉就忘了时间。同时，咖啡里的咖啡因会让人微微兴奋，变得更加健谈。

比咖啡馆更适合聊天的地方：酒吧

比咖啡馆还要让人放松的地方就是酒吧了。坐在吧台前，点上一杯酒，一边和朋友聊天，一边进入微醺的美妙状态。大家知道这么一句俗语：酒后吐真言。来点酒更容易打开心扉，聊得更加真诚。还有一点很少有人知道：**酒吧里灯光比较好，会让人看上去更帅、更漂亮。**

巴西有一句谚语：一杯酒让饭可口，两杯酒让爱流露，三杯酒让人癫狂。流露就挺好的，癫狂还是算了吧。所以，这里说到的喝酒，绝不是各种酒局上的“感情深，一口闷”或者“老板，开两箱啤酒”，而是用来怡情的小酌。感受酒精缓慢而稳定地发挥作用，让你变得轻松、爱笑，聊天的气氛也会随之变得热烈起来。在这个时候，你会忘掉白天工作的忙碌，忘掉忧愁，忘掉某件让你耿耿于怀的事。你的周围是欢快的，压力暂时被抛在脑后了。

适度的饮酒还会让你更容易和他人产生共鸣。前面说过，在聊天时，需要对一个话题产生认同，才能继续愉快地聊下去。酒不仅能让人打开自己的话匣子，同时还会让自己更容易接受别人的观点。

通常来说，喝一点酒会让已经很要好的朋友越聊越尽兴，也会让刚见面的新朋友放下防备和拘谨，变得更加热络。当然，还有一种可能，那就是你本来独自一人去酒吧喝酒，离开的时候，又多了几位新朋友。

如果你想有一次酣畅淋漓的闲聊，或者不知道和新朋友如何开始一段对话，就可以找酒来帮忙。但是要**切记，美酒虽好，不能贪杯。**要牢记三个字：刚刚好。

第 13 课　放下防备，轻松地配合吧

外国人很讲究社交，也很讲究隐私。在和陌生人交流的时候，如果一时找不到合适的话题，他们会使用一个万年老梗——天气。但这一点在中国行不通。

年轻人正变得越来越“内向”

其实，现代社会在交流方面越来越趋同，不仅仅是礼仪和方式，也包括心理。不用说宅男了，就是很多看上去很有冲劲儿的年轻人实际上也很羞涩，这种多少有点内向的青年男女越来越多。

当他们在和不太熟悉的人交谈时，态度越来越拘谨。他们从头到尾几乎一直在毕恭毕敬地聆听，当轮到自己开口时，只限于回答对方

的提问。这是为什么？因为他们心存戒备，认为没有必要和陌生人交流自己的生活，对方应该也没有兴趣知道自己日常的琐事。

于是就会发生这样的情况：一方努力地、小心翼翼地寻找话题，“你是做什么工作的啊，上班累吗？”“平时有什么娱乐活动吗？唱歌、运动什么的？”“周末放假要去哪儿玩？”另一方态度很好，可回答却极简单、模棱两可：“还好。”“都挺喜欢的。”“可能会去吧。”

这种“一问一答”的模式，就像叛逆期的青少年心理一样：最好爸妈别烦我，所以，年轻人总是敷衍地对待父母、长辈出于关心的询问，好让话题迅速结束。

我完全能理解他们的想法，但还是觉得可惜。和陌生人交流，其实能够带来许多不同的体验和碰撞。

不要让对方“抢救”聊天

有的人可能会认为，询问“平常放假都干吗”的陌生人，在某种程度上冒犯了自己的私人空间，觉得这样的问题含有窥私的意味，于是不仅不想打开聊天模式，反而开始提防对方了，用冷淡的回应阻止接下来对方更深一步的探寻。

实际上，**这是一种自我意识过剩的表现，**没有人真的关心你在休假的时候到底会去做什么，也不一定真的想窥探你的隐私，你的这些提防之心不如加强在各种交友软件和社交软件上。提问的人其实可能只是突然想到了这个问题，希望以此为一个良好的开端，进行更加愉快的聊天。

如果一方在聊天中努力寻找话题，而另一方消极参与，双方很可能就会陷入聊天的窘境之中。在这种情况下，最需要做的就是**放下戒备，轻松地配合，**良好的对话模式是打球的感觉，有来有回，互相抛“球”。

假如有人问你：“在工作之余都做什么放松心情呢？”而你只是简单地回答“看书”，对方只能继续问：“哦，那最近在看什么书？”“读完有什么感受？”

其实，当你只回答了两个字的时候，就已经给这个话题判了死刑，对方也只不过是用一连串的问题在拖延，感觉这个话题还能再“抢救”一下。

像打球一样聊天

纯粹的接球当然不能构成闲聊。你必须先一步预设对方可能会提出的问题，并在此基础上扩充你的回答，使它有足够的内容能够被对方接收，再由对方去思考该从哪里回应，怎么把“球”丢回来。比如：

“我最近在读《××××》，觉得不错，听说过吗？”

“啊，我读过这个作者的另一本书，也非常好看，好像由这本书改编的电视剧马上就要播了。”

“真的吗？不知道原著会不会被改得很厉害。话说，主演是谁啊？”

虽然有点八卦既视感，但是这样一来一去，在你回答对方问题的时候又给对方抛出一个相关的问题，聊天就会有趣地进行下去了。

在回答中多加一句话，可以更热情地表达自己的观点，从而让双方都感到愉快。此外，聊天内容的流动性非常强，你的回答也无须彻底契合对方的发问，完全可以大胆地将对话引向自己擅长的、感兴趣的地方。

当然，一味地让交谈围绕着自己进行，也是不礼貌的。培养对他人的兴趣，真诚、勇敢地问出你想了解他的地方，让他也能够同样坦率地表露自我，享受对话带来的乐趣，这也是一种社交礼仪。

沟通的良性循环和恶性循环

但是如今，这种社交礼仪多少有些不受重视了。越来越多的人觉得，对陌生人的好奇很容易带来麻烦，所以应当保持冷漠和安全的距离。

殊不知，正是因为你出于这种想法而不愿开口，导致别人已经将你定义成了缺乏沟通能力的人。而他们会选择与自己沟通更顺畅的人交心，也更愿意去帮助那些人，甚至会把合作的机会交给他们。

所以，**对他人感兴趣也是一种能力，**敞开心扉不只是在关于自己的事情上，还在于能否容纳他人。其实多和陌生人聊天可以锻炼这样的能力。

那么，当你愿意与陌生人真诚交流时，应该怎样取得对方的信任呢？我们先来换位思考一下，看看陌生人是如何取得我们的信任的。

假设你正在和两个陌生人聊天，你提出一个话题，其中一个人热情地回应，而另一个人却采取回避的态度，甚至沉默不语。那么，你会更信任谁呢?

更进一步来说，假设你提出话题后，他们两人都回应了同样的观点，但是其中一个人还分享了自己的相关经历，而另一个人不再多说什么。你又会更信任谁呢?

答案不言自明。**一个人自我表露的程度决定了他在我们心中的可信度。**我们总是更容易信任那些愿意开口说关于自己的事情的人，并将真诚、直率、热情等形容词和他们联系起来。这种不设防的心灵之间的交谈,能够让我们感到自己是被人信赖的,从而产生对他人的好感。

一旦好感出现，我们就开始健谈起来，愿意更多地向他表露自我，因为这正是他先对我们所做的事情。

可以看出，**自我表露形成了一种良性的循环：**如果某个人愿意向我们倾诉，我们就会感觉到自己是受他信赖与喜欢的，因而愿意以同样的方式真诚地对待他，更多地表达自我，相互了解，展开从心到心的交谈。而我们的这种态度也能够博得他的青睐和感激，使我们彼此之间越来越熟悉和信任。于是，我们之间的关系就这样不断地增进。

反过来，**过强的自我防备会引起恶性循环：**防备使人沉默寡言，缺少沟通导致不信任，不信任不仅仅使陌生人不愿意跟你靠近，同样也会使往日的朋友与你渐渐疏远。

不能否认，自我表露存在风险，毫无保留难以如我们期望的那样带来友情和健康的心态。但是，如果你不去主动尝试，怎么知道自己会得到什么、失去什么呢？怎么让聊天熟能生巧、日益精进呢？

杨利伟被选中成为我国第一位载人航天宇航员的时候，有记者问有关领导："和杨利伟能力相当的备选者也很多，为什么最终选择了杨利伟？"领导说："因为杨利伟的沟通能力比较强。"

杨利伟到了太空跟谁沟通？但是，如果杨利伟的沟通能力不强，领导又怎么会注意到他？

第 14 课　30 秒完成有效聊天

有次，阿楠抱怨他们公司的一个部门领导：40 多岁的单身御姐。公司好不容易组织他们出去旅游，结果这个部门领导一路上都在搜集各种信息，处理各种邮件，编发下个月的排班表，还往他们的群里发各种工作方法的帖子。

你能体会那种徜徉在山水间的时候，突然收到《十种方法教你如何提高工作效率》和《领导的八句话，让你学习一辈子》这种帖子的心情吗?

我们能理解工作的压力，但是更希望**大家珍惜那些来之不易的自由时间**! 大多数时候，我们都会忙于自己的“公务”，交谈的内容都是工作的进展状况和职场交流。即便是交际，往往也和工作有关。因此，平时我们很难专心地进行一次长时间的闲聊。

30 秒完成有效聊天

30 秒完成的聊天所造成的结果就是大大缩短了你和别人进行日常交流的时间。如果只在周末或者假期里才和人聊天，只有那种大块时间才能进行有效的交流，那么无论是想保持和朋友之间的联系，还是培养自己的交际能力，都只是奢望。

所以，我们要解决的问题是，**该怎样在忙碌的工作日利用零散的时间实现放松的沟通？**有时是在茶水间，有时是在卫生间，大家碰到了，就简单聊几句。这种闲聊通常不会持续很久，有可能只有 30 秒左右。

别小瞧这 30 秒，如果能够利用好这些简短的聊天，就会让生活变得不再枯燥。快节奏已经是日常生活的常态了，和同事或者朋友闲聊半分钟也就应该成为日常生活中的习惯。

也许很多人会想，只有几十秒的时间，能说点什么呢？其实，在你认为很短的这段时间里可以讲很多话。最明显的例子就是打电话，下次你可以在挂电话之后看一下通话时间，可能你明明感觉这个电话打了很久，但是通话记录却显示只有几十秒或者一分钟。

假设一个场景：当你在公司的楼梯拐角或者拜访客户的路上见到了朋友，大可以聊几句。如果只是点头或问好，大概只需三五秒的时间，那么剩下的二十几秒该说些什么呢？

当然要有寒暄的环节，这个不能少，总归要说点“好久不见”之类的，你说完了，对方也会说类似的话。这样一来一去，又一个三五秒钟过去了。

接着要在第一时间找到一个可以聊的话题。比如，今天的天气如何，公司新来的前台很漂亮，大门口正在开花的广玉兰，今天的咖啡味道不对，或者一会儿午饭吃点啥、有没有推荐，等等。

可能当时有一部大片正在上映，你也可以随意提起："听说那部戏很不错，是今年奥斯卡的大热门呢！你看了吗？"

对方回答："听说了啊，但是没时间看呢，那部片子还没下线吗？"

你接着说："嗯，据说因为票房太火，档期又延长了半个月。"

这对对方来说也许是个好消息，他可能会说："那我还来得及去看，你看过了吗，要不我们一起啊？"

这段谈话的氛围一直很愉快，甚至还有了一个临时的约定。你要是想去当然可以说："好啊，到时候再联系。等你电话哦。"一个简单的话题和聊天，差不多就是二三十秒。不要小看这 30 秒，**它更考验对交流节奏的控制，所以也更需要有实践、有准备、有意识。**

有实践、有准备、有意识

在遇到朋友或者同事的时候，只要没有需要马上去办的事情，那就停下来聊上几句。当然，这也需要察言观色，如果和你聊天的对象看起来很着急，那当然不能招人烦。时间长了，你就会熟练地找到话题，还能准确地控制聊天的时间，这叫**有实践**。

有准备，是指要存储一些聊天的话题。你可能会发现，和朋友偶遇的时候，很难在第一时间找到合适的话题。因此你要做的是细心观察生活，留意身边的新鲜事。这样一来，在需要聊天的时候，你就可以根据对象选择合适的话题。你所存储的话题最好是普遍适用的，这样和谁都可以聊。

首选的话题就是最直观、最容易想到的，并且可以普遍适用的。比如，日常的活动或者在生活里遇到的新鲜事。你可以说起上班路上看到的某个新闻，可以分享一下八卦，还可以聊聊在路上看到的电影海报，这些都可以信手拈来。

其次是最近的热点事件。无论你平日里喜欢的是足球还是网剧，美妆还是股票，总有一个话题适合你。你要是不介意，还可以说一下自己最近的计划，比如打算进行一次放松的短途旅行，或者是去另一个城市看一场渴望已久的演唱会。有时不仅能够收到对方的祝福，也许还可以一起分享经历和成果——甚至还有一种可能，那就是收获一个和你一同前往的旅伴。

可以选择的话题有很多，只要你肯留心观察生活并且热爱生活，就总会找到一些可说的。要把握好对话的节奏，那就记得**“打招呼——开始对话——提出约定或告别——互相致意并离开”**的顺序。可能起初不太容易达到让人满意的效果，但是只要勤加练习，就会越来越熟练。

这些用时不多的简短聊天其实才是日常对话的主流，要让闲聊成为一种习惯，还得你在实际生活中摸索着来！

第 15 课　大胆去聊天就好

不会和陌生人聊天，其实是没自信

阿桑在《叶子》里唱道："孤单是一个人的狂欢，狂欢是一群人的孤单。"这句话比上海世博会的主题"城市让生活更美好"更接近城市的本质。

很多人喜欢大城市，因为大城市里人多。人多，意味着自己很容易就可以淹没在人潮里，没有人注意你，反而更安全；人多，也意味着很容易找到志同道合的朋友，但同时却又很难卸下真正的防备，害怕彻底敞开自己。

生活在零散时间的谈话成为新常态的时代下，**那么相对陌生的谈**

话对象也是新常态。

在面对陌生人时要放下防备，懂得配合对方，这样才能让聊天顺利地进行下去。现在要更进一步，谈谈**在和陌生人聊天时，怎样才能让自己显得更加自信。**

我有一个同事小洁，在熟人眼里，她是个好打抱不平的豪爽女汉子；可在陌生人眼里，她却是柔弱羞涩少女的代表，两者反差很大。她身上有着一类人的困扰：空有高颜值，不会找话题。

很多人在熟人面前侃侃而谈，但是一见到陌生人或者在刚认识的新朋友面前，就一下子不知道该说什么好了。

其实他们并非找不到话题，而是没有自信，在对话之前心里就已经在暗示："算了，还是别说了。我一开口可能就会说错话，把气氛搞砸。"而事实是，你越是这样想，往往结果就越"如你所愿"地变得糟糕起来。

有人曾经做过调查，**那些渴望提高自己语言表达能力的人，往往有着同样的原因——缺乏自信。**这些人表现出来的语气是："我本来就不想说，你非让我说！"这些人自己的解释是："我总是觉得说得不好，会让人笑话我的。"

还有人说："当我和陌生人或者不熟的朋友说话时，脑子就总是转得很慢，思路跟不上趟儿，也不知道该怎么回答对方的问话。"

造成这种局面并非出于自愿，而是对表达自我有一种本能的恐惧。**如果能够克服这种恐惧，就能敞开自己的内心，和人好好聊天。**

知道了产生问题的原因，现在就来分析该如何解决这个问题，从心理建设上和具体的方法上来说说如何在聊天中增强我们的信心。

聊天不需要过分思考和在意形象

先说心理上。最开始的时候就已经说过，聊天和工作对话的区别就在于，**聊天可以没有任何实际意义和实质性的内容。**

首先，聊天是用来放松的。你不必一定要在每次开口前过分思考，在心里认定自己必须要说得足够好。你只需要把自己的感受如实表达出来就好，**聊天需要的恰恰是这种简单和直接。**

其次，不要过分在意自己的形象。在和陌生人或者不太熟悉的朋友交往的时候，很多人都会给自己做出一种消极的心理暗示，认为自己的形象有问题：他一直盯着我的眼睛看，是不是我的假睫毛掉下来了？他刚才看了一眼我的脚，我今天不会穿了两只不同的袜子吧？这样一来，你就会更加战战兢兢，无法自信地表达自己。

人人都可能有点强迫症和洁癖，比如，中午吃饭时衣服上沾了一块很小很小的汤渍，你在意了整个下午。这块污渍可能只有小米粒大小，但是在你眼里有巴掌那么大，担心被人发现后质疑你的形象，然后你的注意力完全无法集中到和对方的谈话上，当然也没办法做出准确的回应。

其实，你大可不必如此紧张。明星上台也有摔倒的时候，全国人民都看着呢，又怎么样呢？你就更不用担心了。试着想象一下，别人正在赞美你："你今天的搭配真好看，尤其是丝巾，特别亮眼。"

而你自顾自看着裙子上被不小心溅上的米粒大小的红酒渍，心不在焉地说："啊？你说什么？对了，我没带纸巾，你有没有？不好意思啊，我得离开一下。"这样语无伦次，会让人觉得你的"偶像包袱"太重，对你敬而远之。

注意形象是应该的，但是不必过于拘泥。大家都更加喜欢彼此真诚地对话，你的不足，恰好使你成为一个真实的人。

以退为进，坦承不足会有奇效

那么，在日常聊天中，我们该怎样锻炼和提升自信呢？

首先，不要想很久才说话，而是想到什么就说什么。当对方说起一件你不了解的事情时，不要逃避或者不回答，也不要觉得丢脸，而是要直接地表达："原来是这样，我之前还不知道呢，真是多亏了你啊。"

这跟硬广告是一个道理，一方努力夸这个东西好，就算好出天际，另一方也不一定搭理；但如果非常客观地说"我们的产品在某些方面还不够完美"，这时对方反而会觉得你实在，从而产生一些可信度。

其次，寻找一切机会和人说话，不要害怕说错。其实很多时候，恐惧都来自你行动之前的胡思乱想，你所恐惧的其实并不会真的到来。等一旦你开了口，紧张程度就会迅速下降，而且随着你和人聊天次数的增加，自信自然会逐渐提升，你和别人的每一次对话都会比上一次更好！

有时你可能因为过于紧张或是不小心说错了话，但是不要因此就陷入自责，再也不敢开口了。当你发现了自己的错误之后，要敢于承认并且道歉。这样一来，即便你说错了话，也会得到对方的理解。

阿楠是四川人。刚来我们公司的时候 l 和 n 的发音分得不太清楚，他又爱说一句“还真是没有 niao dao（料到）”。现在，他的普通话越来越好了，但还是会跟我们调侃着说那句话，他的错误反而变成了可爱、直爽之处。

这也提醒我们，发现对方说错话的时候，请保持微笑，或者善意提醒；不要大声纠正或是斥责。

最后，记得把注意力放在聊天的内容上。不要老盯着别人的一点缺陷，也不要对自己的小问题耿耿于怀。

集中注意力在当时的聊天内容上，既是对聊天对象的尊重，也是锻炼你寻找话题、进行回应的能力。同时，当你集中注意力的时候，语气会更坚定，能让人第一时间听到你要表达的信息。

自信能够在很大程度上弥补语言表达能力不足的问题。如果你足够自信，能敞开自我，你就会发现自己是一个招人喜欢的人。

第 16 课　从遇到的麻烦开始聊起，不妨抱怨一下

大多数时候，我们并不是怕自己做错了，而是深深地害怕只有自己一个人做错了。别害怕错误或麻烦，因为另外还有一大堆人跟你“同病相怜”。

“同病相怜式”聊天术

有次，阿楠和小洁在一起抱怨相亲的事。

阿楠说：“我妈不知道从哪儿又给我找了一个相亲对象，上周五晚上见的面。上周四把照片给我看了，一张艺术照，一张生活照。我问我妈，这是两个人吧？结果一见面，我的妈呀，第三个人出现了！你说照片跟本人差得那么大，我哪儿认得出来啊！”

小洁说："你懂什么！那是为了告诉你们这些男的，要用动态的眼光来看女人，要用穿透灵魂的眼光看女人，不要光看外表！唉，我也一样。那次相亲，看着男生还挺好的，结果在咖啡馆碰面的时候，他就只给自己买了一杯咖啡！完事了还跟我妈说请我喝咖啡了！我真想问问他，你这是上坟烧报纸——糊弄鬼呢吧？"

"唉，我是真不喜欢相亲啊！其实那些姑娘也没什么不好，但是，别看我平时挺贫的，可相亲那一刻啊，就是贫不起来。后来我闹明白了，相亲这事儿少了一个重要元素！"

"什么重要元素啊？"

"自由啊！我又不是圈养的大猩猩，非得等着饲养员给我安排对象？现场有人指导，旁边还有人录像，太诡异了！"

"我们女生也是这么想的啊，架不住我妈老是念叨啊……谁喜欢相亲啊？还不都是互相敷衍嘛……"

其实在生活中，我们总会遇到这样的情况：**做自己不情愿，但又不得不做的事情。**所以我们心里免不了有苦闷和怨气。

于是，当同病相怜的人凑在一起时，互相抱怨、诉苦就成了聊天很好的契机。同是天涯沦落的人抱着相见恨晚的心情，以抱怨为话题引子，东拉西扯地聊了很多，既拉近了距离，又减轻了心理压力。

在一段视频里，几个大男人凑在一起聊天：互相倾诉晚上被要求一定得搂着老婆睡觉，但这样的姿势真的很不舒服啊，胳膊都被压麻了也不敢乱动。

然后几个人就互相出主意，怎样趁老婆睡熟之后趁机把胳膊抽出来。有人说忍着；有人说给老婆换一个高枕头，让脖子和床腾出空间；还有人说放一个橡皮槽，方便伸进去拿出来的那种！最后问题能否解决不再那么重要了，至少所有人的烦恼都减轻了许多。

有时，不光是抱怨诉苦，说不定还能聊出一些对策来，哪怕只是一些馊主意，也能博大家一乐，让大家的心情得到调节。

“同病相怜”在陌生人之间的效果十分明显

即使是陌生人，只要有相同的遭遇，就能迅速地结成“同盟”，并且找到共同话题，甚至可以说，这是最适合闲聊的方法。

比如，白天还是万里无云，下班回家的路上却突然天降暴雨，你没有带任何雨具，情急之下，不得不躲到附近一个勉强能够遮雨的墙角。这时，你发现还有另外一个人也站在墙角避雨，你们的聊天就可以开始了：

“这雨说下就下啊，也不知道要下到什么时候。”

“不好说呢，看样子一时半会儿停不了啊。”

“真烦！天气预报也没说会下雨，要不然就带着雨伞了。”

“是呀，如果常备一把伞就好了……”

尤其是这种等待的情况，例如火车晚点、飞机延误、接孩子放学时遇到老师拖堂、看演唱会遇到明星迟到等，人很容易烦躁不安，这时强迫自己静心未必能起到好的作用，还不如和身边同样遭遇的人一起抱怨一下，并且趁机多聊几句，一来可以打发漫长的等待时间，二来还能让心情稍微变好一些。

但是，抱怨诉苦不能过度，如果你总是满腹牢骚，逢人就倒苦水，你就会发现身边的人越来越少。因为虽然对方会出于礼貌回应你一次，或者跟你一起抱怨、聊上几句，但对方内心却是很不耐烦的，久而久之就是一见到你就绕道走，担心自己被传染到太多的负能量。

“同病相怜者”希望事情往好的一面发展

把抱怨诉苦当作聊天话题也是需要技巧的。**选择以抱怨诉苦为聊天话题的初衷其实是积极的，**通过发泄自己的情绪，可以让我们正视这些麻烦和遭遇，从而调整自己的心态。

所以，即便是抱怨诉苦的话题，我们也要采取积极乐观的思考方式，让原本沉重的话题变得轻松一些。不要针对一件事情抱怨个不停，否则这样聊完后，你可能会更加不顺心。

比如你可以抱怨：“老婆管钱管得太严了，不过也好，这种小事就归她管吧，我还是得抓大事。”

别人会问：“那你都管什么大事啊？”

“什么大事啊？哎呀，结婚十几年了，咋就没发生过什么大事啊？”

或者是这样的情况：

“昨晚又停水了，太好了，睡前没刷牙，我妈也没碎碎念。”

“是啊，你再少刷几次，你妈连你的屋都进不去了——知道的你是没法刷牙，不知道的还以为你研究生化武器呢！”

当聊天双方都有相同的抱怨主题时，只要有一方说些积极的话，聊天的氛围就会变得轻松起来。

那么，如果聊天对象向我们大吐苦水，我们应该怎样回应呢？有句老话说得好："失意人前莫说得意话。"比如，一个朋友向你诉苦，说他最近因为炒股几乎赔掉了全部家当，整个人都抑郁了。而一个小时前，你得知刚买的彩票中了几百万的大奖，当时你都快高兴疯了。当对方跟你抱怨完，而且你也使劲儿安慰了，但只要你多说一句"没事，你看，我刚刚买了新款宝马，带你出去散散心"，接下来，对方就算不跟你借钱也得把你拉黑。

会聊天的人从来都不把炫耀的资本挂在嘴上，当对方失意时，最合适的态度就是以同理之心听对方倾诉，帮助对方正视遭遇，重新打起精神来。

每个人在生活中都会遇到无法避免的烦心事，而正是因为对生活有着希望和期待，我们才对烦心事产生不满。抱怨也是人类的一种天性，是为了帮助我们卸掉心理上的负担，让生活更加接近我们期待的样子。

因此，可以放心地把抱怨当作聊天的话题，但一定要适度，最终，原本烦心的事情或许能让我们收获亲密的聊天伙伴。

第 17 课　不想背后说闲话，那就试试聊明星八卦吧

有次下班后部门聚餐，聊着聊着，聊天内容逐渐演变成了老板的“批斗大会”：

“……事儿多又爱面子，只要你会拍马屁，工作做得不好也没关系。如果你只知道埋头干活儿，干得再好也没用！”

“还特抠门儿，上次连着加班好几天，他说等项目结束了请大家吃饭，这项目都过去三个月了，你看他还提过一嘴吗……”

“还特别爱跟人力资源那个女副总监聊天，那个女的也没啥能力，就是长得漂亮、身材好……”

就这样，一直到吃完饭，大家还在愤愤地补充“材料”，人物关系也越来越复杂。结账的时候，一位女同事走到小洁身边，压低声音对她说：“哎，你说——咱们说老板坏话，会不会有人私下告状？”

热热闹闹地聊了一晚上，最后有人生气，有人担心。虽然大家也都发泄了，但同时又给自己平添了很多新的烦恼。这样的聊天算不上是好的聊天，因为**它既没有让人放松，也没有给人美好的回味。**

“说闲话”的合理性

其实“说闲话”是全人类的一个古老习惯。美国诺克斯学院心理学教授弗兰克·麦克安德鲁说，从石器时代开始人类就有了说闲话的习惯。那时，生存环境残酷，人与人之间竞争激烈，掌握别人的信息——说闲话，成了保证生存和发展的一个重要手段。

通过“说闲话”，人们就能收集信息，从而预知风险、获取资源。在优胜劣汰的进化过程中，爱说闲话的人是有竞争优势的，最后生存下来的也是这些人——我们也就带上了说闲话的基因。

社会发展到现在，我们不必靠说闲话来获取信息然后去打猎或赢得战争，但是，**说闲话在我们的聊天中依然起着很大的作用。**因为它能为我们创造共同话题，拉近彼此的关系；还能帮助我们释放压力，发泄情绪。

能在一起聊别人闲话的人通常关系都很亲密，属于同一个“圈子”，我们应该开心自己能够融入一个群体中，与大家拥有共同话题，而没有被集体排除在外。

以明星八卦替代自己圈子里的闲话

在人际交往中，**说别人闲话总归是件不太好的事，**一方面会给人留下喜欢嚼舌根、窥探别人隐私的印象；另一方面，如果被当事人知道了，也是很尴尬的。

而且，总是发牢骚和抱怨也很容易让自己沉浸在负面情绪中，甚至影响到别人。可是，就算我们能管住自己的嘴，也没法管住别人的嘴。聊天时，如果对方发起的话题刚好是说某个人的闲话，不回应对方就会显得不礼貌，但如果严肃地提醒对方又可能会引发抵触情绪。

那么，该怎样做才能避免说别人闲话，又不至于让聊天陷入尴尬的局面呢？最好的方法就是把话题转向明星八卦。作为公众人物，名人明星就免不了被大众八卦，所以，聊一聊他们的八卦也无可厚非。

但是我们要明白：**心怀善意地聊聊就行了，别给人家添堵，也别给自己找麻烦，这应该是每个人的底线。**

从聊天的角度而言，聊些明星的八卦和说别人闲话起到的作用是一样的。现在如果回到开头说老板坏话的饭局上，可以模拟一下对话：

“听说，他又要缩减咱们的项目经费了！”

“不会吧！本来就没多少了，还要缩减？！”

打住，话说到这儿已经可以了。“本来就没多少”是可以作为客观情况陈述的，再往下发展，就容易发展成抱怨或闲话。现在要用明星八卦来转移说老板闲话的注意力。

“不过，当领导的，哪个不控制成本啊？你们知不知道那个一线小明星某某，自己年收入五六千万，给助理的年终奖你猜猜多少，才1万。”

“这算什么！上次参加唱歌节目的那个歌手，一到年底就找理由开除助理，为啥？省了年终奖啊！”

“不会吧，这么抠？！难怪那么早就过气了，哈哈哈……”

这就是明星八卦的作用。接下来，明星的其他花边新闻也足够接着聊了，关于老板怎么样大家早就忘了。更重要的是散场时，没有人觉得不愉快或是有罪恶感，因为这些八卦都与我们自己的切身利益无关。

第 18 课　有共同话题，更能聊得来

有次我去附近的快餐店买午饭，突然发现排在后面的刚好是前几天新来的女同事小肖，小肖也看到我了，就主动跟我打了个招呼，我们就聊起来了。

我问她："昨天看你朋友圈发的照片，你养了一只奶牛猫啊？"

"啊？你是说我那只黑白花猫吗？原来叫奶牛猫啊，我之前都不知道，还是头一次听说。"

"是啊，我也养了一只。"

"这个品种很有名吗？我就是在店里看到了，觉得有缘就领回家了，我都没问它是什么品种。"

"嗨，谈不上有名吧，因为大家都说奶牛猫是猫中的神经病。"

"哈哈，是吗？不过我家那只确实很神经，没事就喜欢上蹿下跳。"

“对啊，我家那只也是，一点办法都没有……”

借着养猫的话题，我和小肖就这么聊起来了，然后一起吃快餐，也不觉得中午时间那么无聊了。

和小肖聊天很轻松愉快，不仅因为我们有共同的话题，还因为我很清楚她具体喜欢聊些什么。这样一来，在和她聊天时，我就不必绞尽脑汁地找话题了。与此同时，在最初短短几句话的交流中，我（其实是我家的猫）就给她留下了深刻的印象。

不要轻易给对方下结论

在很多社交指导的书籍中，都会出现这种例子：

业务员去找某公司老总推销产品。一开始，老总对这位业务员爱答不理，但是业务员眼睛一扫，发现老总书架上有一本关于某某烹饪方面的书，于是灵机一动说：“原来您喜欢烹饪啊！我别的不敢说好，做饭倒还真是一个高手啊。”

然后，两人就开始聊起了共同爱好。最后老总一高兴，给业务员签了个大单。

这样的例子有道理吗？有，但是感觉有点假。对方的书架上有什么书，墙上挂着什么东西，未必真的是对方的爱好，有可能只是摆设，如果一上来就说：“原来你也喜欢研究这个啊，其实我也有这个爱好。”对方或许瞄一眼说：“哦，秘书摆在那儿的，我都没看过。”

你以为对方喜欢读书，其实对方满满的书架对他来说不过是家居装饰，你心里想的是通过读书套近乎，对方想的是为什么非要让自己露馅儿。这样一来，对方就只想回避你，我们当然不该冒这种风险。

那么，应该怎样找到与对方的共同话题呢？其实很简单，一句话：**话题要循序渐进，不能轻易下结论。**

之前已经说过，在聊天时，我们可以看到什么就聊什么，对方的服饰、携带的物品、身边的事物，都可以当作聊天的话题，但是这些虽然与对方有关，却未必是对方的喜好。

所以，**千万不要一上来就轻易下结论，**说："原来你喜欢这个啊，我也是。"这就是盲目自信，过于相信自己的观察。

去朋友家做客，你看到书房墙边立着一根钓鱼竿。如果你立刻说："你喜欢钓鱼啊？我也喜欢钓鱼！"朋友可能会回答："什么啊，那是我老爸的宝贝，他非要挂在我书房里，我最不能理解的就是钓鱼，老头儿在河边大太阳底下一晒能晒一天，然后钓回来两条正在减肥的苗条鲫鱼，真浪费时间啊！"这样就很尴尬了。

其实你可以以另一种方式来说：

"哟，这钓竿看起来有年头了，是你的？"

"那是我老爸的宝贝，用了十几年，坏了也不舍得扔，还非要放在我书房里。"

"看来你对钓鱼没什么兴趣嘛。"

"钓鱼？有那个闲工夫，我宁可在家打 LOL！"

"啊，你也玩英雄联盟？嘿，我最近才刚刚上钻。"

"不错啊，我玩的时间不长，还在黄金呢，你带带我呗……"

就像这样，**从一个点延伸到其他点，多聊多听，你总会发现对方与你的共同话题。**

去找那个最具体的共同话题

也许你会有疑问：如果对方和我的生活环境、成长环境差别很大，几乎没有交集，那我该怎样找到共同话题呢？

首先，人与人之间，生活环境、成长环境差别再大，但总归都是地球人，总归会有七情六欲。重点不在背景的差别，而是有没有用心找到共同的点。

其次，共同话题越具体越好。仅仅了解到“我们都喜欢猫”还不够，而了解到“我们都喜欢奶牛猫”就会好得多，再次见面时，就可以跟对方说：“我家那只奶牛猫，今天又犯神经病啦……”仅仅了解到“我们都喜欢打游戏”还不够，而了解到“我们都喜欢打英雄联盟”就会好得多，再次见面时，就可以跟对方说：“怎么样？上钻了吗？”

多点观察、多点真诚，循序渐进地寻找你们之间共同的那个点。尽量避免盲目提出的点成为别人的一脸问号，不要让自己的轻易判断让双方都陷入尴尬。

第 19 课　为每一位聊伴建立专属的“可聊话题列表”

按照网络传播的基本特征，组成世界的最基本单位是比特，再扩大一些就是“信息”，这些信息常以数据、清单的形式存在于我们的脑子里、电脑里。它们帮助我们提高工作效率，记录生活所需，打通重要关口。因此，这些数据和清单的面目显得冰冷、势利。

数据和清单并没有那么冰冷

真的如此吗？是不是这些数据和清单被我们赋予了一种并不是它们本来面目的外壳？或者说，这些数据或清单是不是还存在着另外一种打开方式？

有一个小故事：丈夫从来不关注妻子的生活和心情，只是每天工作、交足家用，甚至打心里觉得妻子照顾家和孩子是非常自然顺理成章的。直到妻子去世后，他在收拾妻子遗物的时候，发现梳妆台里的一封从未寄出的信。

那封信其实就是一张清单，信里是这样写的：

亲爱的，我们结婚20年了，才走这么远，我不能陪你了。这20年里，我只为你做了很少的事情：我给你洗了5000次衣服、做过15000次饭；我陪你去过13个国家旅游，陪你妈妈逛过300次街；我去开过家长会72次，参加过家族亲戚的红白事16次；我们养过两条狗、一只猫、三只兔子、五十二条鱼、两只鸟……

但是，亲爱的，我只爱过你1次……下面有一个清单，有你喜欢的饭店电话、所有朋友的生日和重要纪念日，还有我们一直想去却没来得及去的旅游计划。记得照顾好自己，然后去实现我没能陪你一起实现的愿望。

很多人都不喜欢这种鸡汤文，但是数字的力量和清单的作用不能否定，为什么不让数据和清单成为我们感情沟通的桥梁呢？

设置一个“可聊话题列表”

有次我坐在一旁听几个长辈聊天，其中一位阿姨的表现让我觉得她很特别。聊天是由她发起的：

“老刘，这件衣服新买的？这个花色真好看！”

“不是，做的，我自己新买的布料，进口的，虽然价格贵了点，但是靠谱啊。可不能随便买衣服，听说很多布料有毒呢！”老刘说。

“可不嘛！我也听说了，我儿子教我用微信之后，我就关注了一个养生专家的公众号，他就讲过有毒布料的事，一会儿我发给你，他每天都会发健康提醒。”阿姨说。

“我也刚会用微信，还没关注过公众号呢，你关注的哪个，我也关注一下。”另一位阿姨附和。

“一会儿我发给你，早上我就看到一条新的消息，说自来水里的氯会致癌，所以一定要用开水蒸东西。”

“真的？真吓人呀，我还真没注意！”老刘又说。

后来我问那个阿姨：“你不是最讨厌养生这些东西吗？啥时候转变想法了？”

她说：“这还不是因为别人关注，我也得跟她们聊得下去啊。”

那位阿姨心里有一个列表，她知道自己的朋友喜欢什么，她们聊天的话题集中而热络。

增加“可聊话题列表”

我和养奶牛猫的小肖熟悉之后，话题就不限于奶牛猫了。

原来小肖不仅喜欢养猫，对咖啡也颇有研究。每认识一个新朋友，我都会在头脑中为对方建立一个“可聊话题列表”，此前，我对小肖的列表中只有“奶牛猫”这一项，现在，就可以加上“咖啡”这一项了。

当我们认识一个人的时候，不可能像做采访那样询问对方都有什么兴趣，然后用笔和本子一一记录下来。因此，在头脑中为对方建立“可聊话题列表”就是一个很好的方法。在不断的接触当中，你会发现对方更多的兴趣点，然后就可以不断扩充列表项目。当然，也可能在某一天，对方突然对列表中的某些项目没兴趣、不想聊了，你就可以在列表中删除这些选项。

我们为每个人建立起“可聊话题列表”后，当然不能等着对方来更新，大部分时候，需要我们引导对方说出更多的兴趣。

可以这样想：现在谈的这个话题和哪些话题有关联，既然对方喜欢聊这个话题，那么对相关话题是不是也会感兴趣呢？然后，我们就可以尝试引导对方聊相关的话题，一旦发现了对方的新兴趣点，就要及时添加到“可聊话题列表”中。

比如，以前只追美剧而现在迷上了英剧的朋友，既然他对美剧和英剧都感兴趣，那么我们就可以由此找到相关话题。猜想一下，他或许对“美剧和英剧之间的区别”这个话题感兴趣；再进一步，他或许对“英国人和美国人之间的区别”这个话题感兴趣；然后继续延伸，他或许对“欧美文化”这个话题感兴趣；再继续，他或许对“海外旅行”这个话题感兴趣……

每个话题都有很多个相关话题，一个相关话题行不通，我们可以尝试其他的相关话题，从一个点扩散出很多个点，然后再延伸出更多个点。这样一来，关于对方的“可聊话题列表”就会逐渐丰富起来，在其中找到我们自己也感兴趣的话题，从此再也不必担心与对方无话可聊，而且，还能利用这些共同话题与对方建立起牢固的关系。

不要觉得建立“可聊话题列表”是一件费时间费精力的事情。你可以建立你的行程列表、购物清单列表，为什么不为亲朋好友的喜恶列个表呢?

第 20 课　热点话题就要马上聊起来

用热点新闻发起聊天

老旧的影视剧中经常会出现这样的情节：几个人在屋子里无所事事，突然一个人举着一份报纸跑进来嚷嚷着："出大事了！出大事了！"然后打开报纸读新闻，所有人都围上来七嘴八舌地议论起来。

这种老套路如今看起来有点好笑，虽然老套，但又十分正常。事实上人们对热点话题的关注从来都没有变过，新闻从业者都听过一句话：这个世界上天生成为新闻的也就 30%，剩下的 70%，我们赋予它成为新闻的理由。那些热点，也就是这天生的 30%。传播学中也有一个著名的理论"沉默的螺旋"。这个理论是说"大多数个人会力图避免由于单独持有某些态度和信念而产生的孤立”。

如果在大家都沉默的时候想开口打开局面，同时又不想因为自己的观点与别人不同而得不到回应，那么就可以用热点作为话题进行聊天。一来，大家对热点新闻都有所耳闻，也就有所共鸣；二来，因为热点新闻通常会有各种不同的版本，所以也可以只是描述这件事情，不发表或少发表自己的看法，避免观点的矛盾和冲突。

早上来到公司，晨会时间还没到，老板也还没来，同事们有的在整理自己的办公桌，有的还在打呵欠。这个时候，如果不聊天好像总缺了点什么似的。但此时的聊天不同于两个人之间的私密聊天，在这种人多、气氛又冷的情况下，最需要能够带动气氛的话题，把大家的积极性都调动起来，让大家都参与其中。

“昨晚那个酒后驾车撞人的事情，你们都听说了吧？”

“早就听说了，连撞了七八个人啊，小孩和老人都有，太可怜了。”

“我看到有人把现场图片发到微博上了，真是惨不忍睹。”

“酒驾的惩罚力度太轻了，才会有那么多人明知故犯！”

可如果没有热点新闻，或者这个热点还不够热怎么办？那就赋予它成为热点的可能性。热点话题之所以能够成为热点，肯定是因为它包含了能够引起普遍关注的因素，只要提出来就好。了解的人会发表自己的看法，不了解的人也会想要了解一下，大家围绕着话题议论纷纷，聊天的气氛很快就会热闹起来。

热点往往是负面消息？接受这个事实吧

不知道大家是否已经发现，能够成为热点的，往往是那些偏负面的消息。加拿大的麦吉尔大学有一个研究团队曾经做过一项关于新闻偏好的测试。在测试前，研究人员询问每一位受试者更喜欢看正面新闻还是负面新闻，大部分人都说自己更喜欢看正面新闻。

测试开始后，研究人员给受试者看一家新闻网站，要求受试者挑选自己想看的新闻来阅读。结果发现，当受试者看到那些包含了“宝宝”“微笑”“有趣”等正面词汇的标题时，并不会很快地打开阅读，甚至根本不会打开；而看到那些包含了“癌症”“炸弹”“战争”等负面词汇的标题时，受试者很快就会打开阅读，甚至有些受试者会专门挑选带有负面词汇的标题。

无论人们怎样宣称自己更关注正面消息，实际上都不可避免地有着偏好负面消息的心理。

专家认为，人们的这种心理出于三点原因：一是对周围环境有所警戒，担心自己也会有同样的遭遇，所以提前做好心理准备；二是在做好心理准备的基础上，提前寻找一些正确的应对方法；三是庆幸倒霉的不是自己，从而获得一些幸福感。

其实，这三点心理原因都是比较积极的，人的一生很难说什么时候会遇到一些天灾人祸，所以，想办法让自己更好地适应生存环境也是出于本性。无论是心理上的准备、方法上的准备，还是寻求一些安慰，聊热点都是一种很好的互动型疏导方式。

《奇葩说》里有一期讨论了这样一个话题：应不应该感谢生活的暴击。从聊天的角度来说，我们至少应该感谢一些别处的暴击，它为我们提供了话题的热点、交流的机会、生活的警示或者情感的启迪。与其把担忧留在自己心里，不如畅快地说出来，与大家聊一聊。

第21课　把小难题当作话题聊一聊

这是我跟小洁的一次聊天：

“最近想吃烧烤了。对了，你家附近的那个什么烧烤店是不是总爆满啊？我跟阿楠打算周末去，啥时候人会少一些啊？”

“确实天天爆满，每次路过都有好多人在排队，一般中午比晚上的人少一些，最好11：30之前就到。”

“十一点半之前去吃烤串？新疆风味的早午餐吗？但是周末肯定人多。唉，我最烦排队了。”

“别担心，到了之后你先领号，如果前面还有好多人，你们可以在旁边的小店逛逛，不用一直等着……”

以问题开始，但是不需要答案

轻松愉快的聊天应该是没有目的性的，所以不要抱着求教的心态，也不一定非要追求一个答案，只是把问题当作聊天开始的话题就好了。你也可以随口开始这样的聊天，比如：

“朋友给我推荐了一款时间管理APP，只有那什么水果的手机系统才能使用。”

“我也用过几款时间管理APP，你说的是哪一款？”

“就是×××啊，听说很好用。”

“那个啊，我用过，确实很好用。不过，我给你推荐一款更好用的，安卓系统也能下载……”

对于这样的聊天，我们不必纠结对方有没有给出确切的答案，因为**我们需要的仅仅是把聊天继续下去**。小难题的选择和提问对聊天的顺利展开很有帮助，但需要注意的是最好选择那些不会给自己带来太大困扰，即使不知道答案也无所谓的小难题。

不是那么在乎正确答案，只是想随意聊聊罢了。这样一来，**你就没有很大期望，对方也不会有太大压力，**就可以轻松交流。如果聊天对象知道答案，也提供了答案，自然你们都高兴；即使不知道答案，也可以借这个话题聊聊别的，甚至可能对方也有相同的小难题，聊起来更有共鸣。比如：

“前几天遇到一个外国人向我问路，我明明知道怎么走，但不知道怎么说啊。我就说：‘we are here，然后那儿……’看来我是真的得补一下英语了。对了，我记得你报名过外教口语课，那个怎么样？”

“嗯，那个外教教得不好，而且性价比太低，我已经退掉了。最近，我也在找合适的辅导课呢。”

“这不会外语真不行啊，毕业这几年，学的东西都还给老师啦。”

“是啊，想当年我还在学校英语比赛里拿过第一呢……”

提问需要知道的三点注意事项

首先，需要注意提问的时机、内容和方式。

比如刚见面就不适合聊上面提到的话题；再比如，非常技术性的问题，也不适合提出来，像“我的电脑总是蓝屏，怎么办啊？”。

听到这样的提问，对方会觉得你已经被这个问题困扰了很久，不得到答案誓不罢休。因此，他肯定也不会抱着闲聊的心态来回应你。如果无法给出有效建议，他有可能还会对你产生愧疚感。

其次，不能打破砂锅问到底——不要在一个问题上穷追猛打。

你以为不停地追问是在聊天？一问一答式的对话并不轻松愉快，一旦对方被问烦了，就会给你一个终极建议——“要不你自己百度一下吧”。特别是那些得知对方从事某种职业后的提问：

“听说你是学医的，最近我总是头晕怎么回事？”

“听说你是学法律的？对了，我最近想买一套二手房，对方又不按合同跳价了，我该怎么办啊？”

“听说你学水利工程的？我家下水道老堵是咋回事啊？”

准确地说，上面的这些情况不是聊天，而是咨询。

真正的聊天是这样的：

“哎呀，最近工作好忙啊，天天加班。”

“我也是！有时候下班后还要把工作带回家做。”

“我就不行啊，家里电脑不好用，总是蓝屏！”

“蓝屏？是不是硬件的问题？你排查过软件问题吗？”

“没啊，我自己不会弄。”

“你先试着重启一次，然后在系统里面点击一下检查硬件。”

“好啊，我回去试一下，不行就等放假的时候找人修吧。不知道这次小长假还要不要加班。”

“但愿别加班了，我还想去旅游呢，你要不要一起去……”

最后，你是不是有些担心因为提出问题而让自己显得无知？

完全没有必要。因为每个人都会在生活中遇到很多小难题，大家的处境都一样。所以我们平时可以收集一些不急于知道答案的小难题，甚至包括已经解决了的，以问题的形式提出来，当作聊天的引子。

第 22 课　你该和谁练习聊天术

每次出去讲课，我最怕别人问："张老师，有没有什么方法可以快速提高我的语言表达能力啊？"我有方法，但是不能保证快速，那就是"积跬步、汇小流"的笨办法。而且，我至今也坚持这种做法。

聊天也是熟能生巧的

选择学习这门"聊天术"的人，可能都觉得自己不太擅长聊天，希望能够通过学习让自己的聊天能力得到提高。只学习理论当然不够，**要想真正提高自己的聊天能力，就要不断地实践和练习。**

但聊天不是一个人就能完成的事情，需要其他人的配合，这就像网络游戏和单机游戏的区别一样。在玩单机游戏时，我们可以一个人过关升级，打得再烂也没人说什么；而在玩网络游戏时，我们和其他人组队战斗，可能一点小失误就会被群起攻之，甚至被踢出队伍。

不擅长聊天的人常常担心自己会破坏聊天的节奏，所以，即使了解到了很多聊天的方法，由于担心和害羞，也不敢随便开口，不知道和谁“组队”更适合自己这样的新手。那么，跟哪些人搭话能提高自己的聊天能力呢？

聊天的最佳练习对象

第一类聊天对象有一个共同的光辉名字：中国大妈。

大妈们的聊天能力毋庸置疑、有目共睹。通常她们的生活比较清闲，精力比较充沛，可以说大部分大妈是有钱又有闲；同时，大妈们热情洋溢，愿意与人沟通，愿意指导后辈，很少会拒绝别人的搭话和求助。

比如看到拎着菜的大妈，就可以聊上几句：“附近的菜市场在哪里呢？”“在哪里买菜更便宜呢？”“这种菜应该怎么做呀？”有时也许我们觉得话题卡壳了，大妈们反而会主动发起另一个话题，不会让聊天冷场。

大妈们在聊天时，说的往往都是与日常生活相关的话题，不会突然蹦出很难懂的词汇，所以你来我往的，接话也会更加轻松自然。当然，我们也许会碰上不给面子的，比如那天我在公交站等车，发现几位大妈在盯着我看。

我担心她们有女儿要介绍给我，于是我甩甩头发，摆了一个酷酷的造型。果然，一位大妈走过来跟我搭话了：“小伙子，你让一下，你挡住站牌了。”

搭讪有宠物的人。

要是不介意的话，有宠物的人也可以作为聊天对象——多半是遛狗的人。为什么说“不介意”呢，因为你会发现，他们对待动物的态度有时比对待人好多了。养宠物的人几乎都喜欢谈论自己的宠物，而我们能在公园或小区这样的公共场合遇到最多的就是养狗、遛狗的人，与他们聊天不必太费心。

即使我们自己不养狗，不懂狗，也可以把对方的狗当作话题随意地聊上几句，比如：“毛色真漂亮啊，这是什么品种？”“真温顺，它多大啦？”像这样发起话题，不会显得突兀，也不会让对方产生戒备心理。

不喜欢动物的话，还可以试试遛小孩的人。孩子的存在本来就可以让氛围显得轻松，如果对方是抱着婴儿，你可以说：“睡得真香啊。”“看上去精神很足啊！”这样以孩子为话题与对方聊一聊。

如果对方是带着大一些的孩子，我们可以先和孩子说说话：“你多大啦？”“你的玩具枪很帅气啊。”然后再自然地与大人聊几句：“您孩子真聪明。”“带孩子很累吧？”

这样的对话让辛苦的家长感到一丝安慰，双方都能放松下来，聊天也能愉快地继续下去。**但是，切忌问太私密的事情。**

还可以**选择理发师作为聊天对象**。一般来说，理发师都是“话痨”，从你落座开始直到离开，他们能够一刻不停地跟你聊天。是的，理发师聊天的目的通常是向你推销产品或者服务项目，也许你不喜欢这种行为，也根本不想主动和他们聊天。但如果你想练习聊天，他们会是很好的聊天对象。

你可以主动发起话题，把话题围绕在对方身上，比如："你是哪里人呀？""干这一行多久了？"他们肯定不会不接话，而且比起其他人，他们能够更好地配合我们的聊天。即便最后话题又被他们带到了推销产品或者服务项目上，我们也不必反感，不愿意接受推销内容的话可以直接拒绝。

其实，那些要做我们生意的人都可以作为聊天对象。卖服装的、卖化妆品的、卖菜的、卖酒的、卖烟的等，这些人为了招揽生意，通常都对顾客非常热情，和他们聊天很少会遭到拒绝。**在买东西的时候，除了一手交钱一手交货，我们不妨趁机与对方聊一聊，**比如："最近生意好像不错啊？""这边店铺租金很贵吧？"如果刚好没有其他顾客，就可以多聊几句。

与陌生人练习聊天。

等水平提升之后，还可以在一些日常场合与陌生人练习聊天。排队时、等车时、坐车时、坐电梯时，都可以试着和陌生人简单地聊上几句，比如："天气好热啊。""不知道要等多久。"只要在相同的处境中，对方也会有同样的感受，就可以试着把共同的境遇当作话题引子。

而且，在这些场合遇到的陌生人大部分都只是路人而已，以后很难再次遇到，即使我们的聊天技巧还不熟练，说错了话或者冷了场，甚至遭遇对方爱答不理的情况，我们最多只会尴尬一下，不必担心自己给对方留下了不好的印象。

最后尤其推荐在坐车时和坐电梯时与身边的人聊聊天，因为一旦车到站了、电梯到了该下的楼层，聊天就能够自然结束，不必烦恼应该在何时怎样结束话题。

第 23 课　用随身的小物品作为交流工具

其实，聊天的话题不一定非要从对方身上找，我们可以主动地把自己的喜好展示给其他人，为自己建立一些很具个性的标志。

小物品的大用处

我们可以用一些随身的小物品凸显自己的兴趣，经常围绕着这些物品提出话题，只要能够创造聊天的机会就可以了。而且这样一来，当别人想与我们聊天时，同样可以毫不费力地知道我们喜欢聊什么，从换位思考的角度来说，这也是为对方提供了便利。

只要是随身携带的小物品，无论什么都可以，某个品牌的文具、某种卡通形象的周边产品、有着特殊设计的小配饰等，都可以用来当作交流的工具。而且，最好是一些新鲜有趣的小玩意，在携带时，让这些小物品显眼一些，能够吸引别人的关注。

这个方法尤其适合不擅长发起话题的人。因为只要对方关注到了这些小物品，就很有可能主动与我们聊天，比如："这个是从哪里买的，真好看。""这个款式真特别，太适合夏天用了。"这个方法对陌生人和熟人都适用。

吃货本性也能派上用场

要是你对自己的品位没有信心，或者在随身小物品方面没有什么特殊喜好，那就只好发挥吃货本性了，可以试着在自己包里放一些独立包装的饼干、薯片、口香糖之类的小零食。当你递上一小包零食后，对方会说："看上去很好吃啊。"

"对啊，我经常吃这个，挺好吃的。""刚好饿了，谢谢啦！"

然后，话题就可以围绕着手中的小零食展开：

"这是新出的口味，很奇特吧？"

"嗯……这个牌子隔三岔五就会推出新口味。"

"是啊，我还是蛮喜欢尝鲜的……"

即使被对方拒绝了，同样可以把手中的小零食当作话题顺便聊几句：

"最近在减肥，不敢吃零食啊。"

"那就没办法啦，不破坏你减肥计划了，难怪你最近越来越瘦了。"

"唉，总是坚持不下去，但愿这次能成功吧……"

无论对方接受与否，在递出小零食的同时，我们就已经为自己建立起了亲切大方的形象。而且，这些小物品也不是什么贵重的东西，不会给对方带来压力。**这样的分享动作甚至可以代替语言成为一种交流手段，**即使我们不开口，对方也会有所回应，然后我们接着对方的话继续聊下去就可以了。

利用好对方身上的小物品

当然，我们也要注意发现对方随身携带的适合当作话题的小物品，积极地做出反应，这样一来，不仅可以开启一场轻松愉快的聊天，而且还能让对方感觉自己受到了关注，从而更愿意与我们交流。

比如看到对方拿着一本书，可以说："这本书好看吗？""这个作者最近似乎很火啊。"有时候可能对方只是偶然带着这些小物品，自己也不是很了解，那也没关系，只要借助小物品发起话题就好了，比如：

"你的新耳机看上去不错，哪里可以买到？"

"我也不是很清楚，这是前几天朋友送我的生日礼物。"

"前几天过生日？那你是白羊座？"

就像这样，用小物品当作话题的过渡。

还可以把手机、平板电脑等数码产品，以及小饰品等当作聊天话题的引子，因为**这些小物品几乎人人都有，随身携带，处处显露，都**

有经验，易于交流。比如，你可以问对方："这个型号好用吗？""系统稳定吗？""有代购吗？比国内便宜多少？"

随身的小物品一来可以发起一场聊天，二来如果真的碰到了你感兴趣的东西，你也可以通过轻松的闲聊获得信息。有趣的小物品，让你的人生"会说话"。

第 24 课　“听来的话”比你想象的更有价值

有次朋友聚会，阿楠还邀请了他的朋友小威，结果我和小威最先到达约定的地点。一见面，小威首先开了口：“你就是大鹏吧？经常听阿楠提到你，虽然没见过面，但对我来说你算是个熟人了呢。”

我赶紧回应：“小威？幸会幸会！坐，别客气，阿楠这家伙是怎么说我的？一定没什么好话。”

小威说：“你还不清楚？他说起你时基本上都是以‘我有一个特厉害的朋友’开场的。”

我听得很舒服，在阿楠赶到之前，我和小威已经聊得热火朝天了。

学会使用间接的赞美

只需要几句与对方有关的“道听途说”，就能迅速拉近彼此的距离，让聊天的气氛变得更加热络，话题也会变得丰富起来。既可以通过共同的朋友对彼此的评价来建立聊天的基础，也可以根据对方已经提供的信息，用自己所听说的、与这些信息相关的内容当作聊天话题。

在聊天中，**当需要称赞对方时，用听来的话表达，往往会比直接称赞效果好得多**。比如，你想称赞对方学识渊博，直接称赞的话就是：“您懂得真多啊。”

你的语气可能是这样的：“您懂得真多啊！”（热情真诚）

但对方听到这种话心里想的可能是：

虚情假意版：“您懂得真多啊！”

冷嘲热讽版：“您懂得真多啊！”

甄嬛后宫版：“您懂得真多啊！”

这样的表达容易让对方摸不清你的真实想法，因为“您懂得真多啊”这句话有可能是称赞，也有可能是讽刺。而作为称赞的表达，这句话显得很假，像是拍马屁或者没诚意的客套话。这时，如果利用听来的话来表达：“很多人都对我说，如果一个问题实在找不着答案，那么来请教您就是最好的选择。”

这虽然是一种间接的赞美，但让人听着更舒服，表达的意思更明确，可信度也更高。因此，平时在与人交流时收集一些大家对不同人的评价，也是扩充个人话题库的方法。当然，我们收集的这些评价最好都是正面评价。

学会“转发”听来的话

在聊天的时候，我们可能会发表一些观点或者提出一些意见。如果是以自己的口吻说出来，可能会给人一种“未必如此”的感觉，但是如果用转述或者引用的方式来表达，就会更可信，也更容易被人接受。比如，如果有人对我说：“那位复出的女明星变丑了。”我可能会想：你是嫉妒她吧。

但如果他对我说：“听说那位复出的女明星变丑了。”这样的话就会更可信，也容易让人接受。很多互联网传播和营销的高手显然深谙此道。

我们每个人的精力都是有限的，接触的环境和事物各有不同。你的朋友或者朋友的朋友，总会说起一些你从未听说过的有趣的故事。而口口相传是第一类传播媒体，对于获得和收集信息，这是最便捷的方式。这个时候你不但见识到了不一样的世界，还可以把这些故事储存起来，在下次和别人聊天时使用。

而且，在聊起一个话题时，即使自己没有相关经验，借用其他人的经验也能够使话题扩充很多倍。比如，在聊起一部枯燥乏味的电影时，即使你没有看过，也可以说：“我朋友说，他刚看了不到五分钟就睡着了。”或者，在聊起一家口碑很差的餐馆时，即使你没有去过，也可以说：“我朋友说，他在那家店做的菜里吃到过卷曲的毛发。”

这样一来，就可以在自己没有经验、无话可说时扩展话题了。而且，如果别人在聊我们不熟悉的话题，我们也可以通过这样的方式顺利地参与进去。

但是，有的时候，“道听”可以，“途说”却不行。在转述“听来的话”时有一些禁忌。比如，当听说了某个人不好的传闻时，不要在和其他人聊天时提起，否则很容易影响人际关系。

可以想象一下这些场景：

“我听朋友说，你离婚是因为你有小三了？”

“哈哈哈哈，听说他上次上厕所没带纸，在隔间里喊了一下午没人理？哈哈哈……”

“哎呀妈呀，你知道吗，你可有名了——他们都说你是奇葩，幸会幸会啊！”

“哎，他们说你们公司都快黄了，那你岂不又要失业了？你说你咋就那么惨啊？”

“你就是大鹏老师啊，难怪他们都说你长得像憨豆，还真挺像！就是比憨豆胖一点！”

第25课　每个出租车司机都是行走的话题库

在北京工作的时候，有时候我会在电台的体育馆打一会儿羽毛球再叫车回家。司机看我大汗淋漓的样子，赶紧把车窗打开："哟嗬，您是在电台工作的？你们播一期节目这么辛苦呢？跟搬家公司有一拼嘿。"过一会儿又把窗户关上，打开了空调。"还是关上吧，今天空气质量不太好。"

上海司机一般不大说话，守规矩、重礼仪。出现次数最多的聊天场景是：

我跟师傅说："师傅，不好意思，麻烦您快点，我赶时间。"

"侬来了撒地方工作啊，电视台？格是要跨点！侬等了嗨，吾要开始飚粗子了！对了，侬保险有哇？"（他是说："我要飙车了啊，你买保险了吗？"）

见多识广的出租车司机

其实，各地出租车司机都差不了太多，都是普普通通的社会工作者，都是“飘”在路上的孤独人群。他们是渴望聊天又挺会聊天的群体，也是吸纳信息又传播信息的窗口。

有一次我打车回家，路过一家饭店时，司机和我说：“这家饭店当初就是一对小夫妇开的苍蝇馆子，我以前常来这里吃，现在变成大饭店了，不是过节、过生日都吃不起啦。”

“现在的老板还是那对夫妇吗？”

“是啊，以前就很有名，现在连招牌都没变呢……”

没过多久，阿楠约我去那家饭店吃饭，到了之后我想起了那位司机说的话，我问阿楠：“怎么想起来约在这儿了？你也知道这家店？”

“不知道啊，我是在点评上找的。怎么了，这家很有名？”

“上次听一个出租车司机说的，这家店以前是个小馆子，但那时就已经很有名啦……”

其实就算阿楠没建议去这家店，我也可以在吃饭的时候提起这个话题：“有一次坐出租车，司机推荐了一家不错的店，下次我们去试试？”

每个出租车司机都是行走的话题库

在前面的内容中，我们说到过“找谁练习”和多用“听来的话”，那么还能找谁呢？从哪里能收集到丰富的“听来的话”呢？出租车司机——**每个出租车司机都是行走的话题库。**

不难理解，出租车司机之所以能够有这么丰富的话题储备，并不是因为他们本身读过多少书，懂多少东西，而是因为他们每天都要接触很多乘客，跟每一位乘客都要在小空间里相处一会儿，有充足的聊天时间。

而且，乘客来自各行各业，性格、阅历、社会地位也各不相同。出租车司机可以从各种乘客那里听来各种故事，或者能够听到各种人对同一个话题发表的见解，又或者听到不同的人对生活的感悟和倾诉。因此，出租车司机也算是间接地“见过世面”了，他们就像有一个大口袋一样，把听来的所有东西都装进自己的话题库。

所以，当我们想收集某方面的话题素材时，可以主动跟出租车司机聊起这方面的话题，然后直接从他们的话题库里面“拷贝”一份就好了。

比如，当我们到了一个陌生的城市后，可以在乘坐出租车时，向司机打听当地的风土人情；当我们想前往某地时，可以向出租车司机了解一下那个地方发生过什么趣事。有一次，我们喝完酒出来，电话叫了车，司机一个劲儿问：“你们都正常的是吧？没有喝多的吧？”

我们上了车之后就问司机：“难道你不拉喝醉的人吗？可是这个时间都是那种说话已经不利索的啊。”

司机说：“别提了，有一次拉一男的，看上去好好儿的，好家伙一上车就开始耍酒疯，非要让我带他中环跑一圈，说自己是中环十三郎，要看看自己打下的江山。后来又在车上睡着了，怎么都叫不醒……我一着急也是没法，只好把他送警察局了。警察也不收醉鬼，我就跟警察说：‘不不不，这是你们要找的中环十三郎！’”

有时听听司机聊其他人的生活经历和感悟，了解不同人群的心理和行为方式，当我们再遇到相似的人时，就能发起与之相关的话题，而且在聊天中能够很好地理解对方，做到共情。

有一次坐出租车，司机说起他曾经拉过的一位医生。这个医生上车就开始哭，司机当时吓坏了。后来医生说，当天一个手术失败了，患者跟他妈妈年龄一样大。如果送来得早一点，还是有希望的。他说他想他妈妈了，还觉得自己很没用。当时听了医生的话后，这位司机觉得医生真是不容易，以后要是再拉到医生，就都免费。

后来，我在和一位医生朋友聊天时，就说起了这件事：“听说有的医生得了焦虑症啊。”对方说：“是啊，压力太大了……”

这样就刚好聊到了与对方相关、对方也感兴趣的话题，聊天就可以热络地继续下去了。

因此，和出租车司机聊天时，我们可以尽情提出各种问题，广泛收集聊天素材，这些素材说不定在什么时候就能派上用场了。

不同的司机，不同的应对方法

还有一点是，和出租车司机聊天很适合那些不太敢开口、羞于聊天的人。这样的人或许在网络上能够聊得很开心，但是很抵触面对面聊天，不知道怎样面对聊天对象，不敢与人对视，不敢看他人的表情，也不知道自己应该以怎样的眼神和表情来应对。但是如果刻意避开，又会显得很不礼貌。

可如果是坐在出租车上和司机聊天，理所当然地避免了这个顾虑。因为，在出租车里，我们要么是坐在副驾驶的位置，与司机并排，要么是坐在司机后方，面对司机的背影，没有面对面的压力，不需要看到对方的眼睛和表情，也不需要在意自己的表现，这样聊起天来更轻松自在，不知不觉中话就会多起来。

当然，出租车司机也有不同的性格。

有的司机喜欢漫无目的地唠嗑，我们就可以在旁边安静地倾听，适时附和一两句：“是吗？”“真的吗？”“原来是这样啊。”只要你给出一点回应，他就会滔滔不绝。这样的司机能够给我们提供大量的信息，而且我们还可以向他们学习各种话题之间的无缝转换。

有些司机不会主动开口。但是，只要我们主动和他们聊天，他们通常也不会让我们失望，而且，他们往往喜欢深入地聊一个话题，我们可以由此了解到一个话题背后的很多故事。

比如，我们在路上堵车了。自己随口抱怨一句：“又堵了。”司机师傅通常会感同身受地说：“这个时间段堵车是家常便饭。”或者你说：“这个红灯也太长了吧。”司机师傅也会回应道：“就这个路口，早高峰的时候，能堵三条街那么长！”在大城市生活的人，哪个没有堵车的经历，一旦话匣子打开，就停不下来了。

还有一些司机是“愤世嫉俗”型的，喜欢发牢骚甚至骂脏话。遇到这样的司机，**我们尽量不要吭声，以免被他们误解，引起争论**。虽然这样的司机比较麻烦，但他们有时也会爆些有价值的料，还会有不少谈资，值得我们留意。

第 26 课　只要你想聊，话题要多少有多少

大学里我所在的专业有一个练习项目：随便给你一个字，说一个三分钟的话题，就事论事，不能说得磕磕绊绊，也不能肤浅无聊、简单粗糙。

很难吗？我觉得还好吧。

学会注意“非中心话题”

学会发散思维，话题永远聊不完。

比如，我手头正好有一本《小王子》，这是一本世界公认的著名儿童文学短篇小说，小王子这个形象几乎无人不晓，单单这一点，就可以作为聊天话题。其次，小说主人公——来自外星球的小王子的各

种经历，叙述者飞行员的个人感触，作品所传达的价值观、各种象征的内涵，作者个人的传奇经历，改编上映的同名电影等都可以作为聊天话题。

这些话题都是以《小王子》这本书为中心的，当我们围绕这本书聊天时，理所当然会聊这些话题。我们可以把这些话题称为“中心话题”。但**聊天内容并不只局限于“中心话题”，在“中心话题”以外，我们还要注意“非中心话题”**。

比如，《小王子》的作者安托万·德·圣埃克絮佩里作为一名飞行员，在“二战”中神秘失踪，由此可以延伸出话题：“飞行员是怎样的工作？”“战争带来了太多的人间悲剧，真希望永远没有战争。”“比起能知道下落的死亡，神秘失踪似乎更令人难过。”

再比如，书中讲到一位天文学家通过望远镜发现了一颗叫B-612的小星球，由此可以延伸出话题：“最近有没有什么天文学新发现？”“小行星的命名规则是怎样的？”“周杰伦都有命名的星星了，我却连一只玩具大猩猩都没有。”聊天的话题就已经不再局限于《小王子》这本书本身，而是延伸到了很多方面。

玩转“中心话题”和“非中心话题”

这个方法可以运用在收集和使用话题上。我们不仅可以收集很多零散的单独话题，还可以从一个“中心话题”开始，尽可能地将收集的各种“非中心话题”在头脑中为它们建立起联系，就好像一个个点互相连接起来，无论以哪个点为中心，都可以聊到其他点上。

也就是说，根据实际情况的不同，**“中心话题”和“非中心话题”是可以相互转换的。**比如，当我们聊到《小王子》这本书时，可以聊这本书的作者是个飞行员，然后聊到飞行员的工作是怎样的，这时“《小王子》这本书”是“中心话题”，而“飞行员的工作”是“非中心话题”。

反过来，如果我们首先聊飞行员的工作，也可以把话题延伸到书上面，可以说“《小王子》的作者就是个飞行员，通过看这本书，对飞行员这个职业似乎有了亲近感”等，这时“飞行员的工作”是“中心话题”，而“《小王子》这本书”则成了“非中心话题”。

提高对话题元素的敏感度是关键

对我们平时的闲聊来说，中心话题其实不是很重要，重要的是，这种发散性的、联系性的思维如何运用，如何找到身边事物的内在元素，并联系、延伸开来。我们身边的一切事物都是由各种元素构成的，每一个元素都可以发展成聊天话题，而我们要做的，就是**尽可能多地发现这些元素，对这些元素做出反应，提高自己对话题的敏感度。**

这就需要我们经常让自己处于一种开放、包容的状态，让自己能够接收到各种元素的刺激，接收到刺激后，大脑和刺激元素发生反应，转化为聊天话题，然后立刻把这些话题储存进自己的话题库中。这个过程可以通过练习来熟练掌握。

那么，我们该如何提高自己对元素的敏感度，从而快速接收各种信息呢？

首先，你可以试着改变一下平时接收信息的习惯，有意识地放开自己。就像打开接收信号的开关一样，尽量捕捉到每一个元素的刺激。

比如，随手拿起身边的一本书，它的主题、它的故事、主人公的奇遇、你对主人公形象的设想，以及触动你软肋的镜头或文字等，都可以成为你的中心话题。至于这本书作者长得好不好看、买书的发票能不能报销都是非中心话题了。然后你再试试看能不能从任意角度进入都可以在中心话题和非中心话题之间转换。

其次，当你已经看完这本书，收集了很多聊天话题后，接下来**可以把这本书从头到尾再看一遍，去接收更多的刺激元素。**你会发现，原来还有很多第一遍没有捕捉到的元素，你的敏感度进一步提高了。当然，如果第三遍、第四遍反复看同一部电影，你还会发现更多的元素。只要你愿意去发现，可聊的话题要多少有多少。

也许你会问："小说啊，电影啊，这类东西本来就有很多内容可聊，能展开的元素也多。如果只是日常生活中普普通通的事物，也能从中找到无数个聊天话题吗？比如给你一卷卫生纸，你能找出什么话题？"

"你看，现在咱们有卫生纸用，可是古人是用的什么？"

"原浆卫生纸真的是原浆的吗？现在造假的实在太多了。"

…………

第 27 课　收集不同人群的话题关键词

不管我们怎么任性，还是不得不承认，每类人群关注的事物和关注事物的角度都不同，和不同的人群聊天时，如果能够有针对性地聊起他们所关注的话题，聊天的效果会更好。因此，平时我们要注意收集不同人群的话题关键词。

比如，年轻人喜欢追剧，喜欢各种偶像明星；中年人关注房子、车子、孩子的各种问题；老年人关注养老金、健康问题；上班族喜欢谈论薪水和职业发展；家庭主妇喜欢谈论家居和子女教育话题，诸如此类。

上面的分类比较常见和浅显，我们只了解到这一步是远远不够的。

大众正逐渐变得“小众化”

如今这个社会已经发生了很大的变化。在上个年代，一旦流行什么东西，受到的关注度比现在高很多。

比如《还珠格格》最火的时候，各种类型的帆布包上都印着“小燕子”；“超女”最火的时候，每家店都放李宇春的歌；收集干脆面里的卡片也曾是一种执着。在那个年代，想找到一个群体所关注的话题，是很容易的。

网络让世界变平了。我们的选择不再是被动接受，而是主动选取。**人们的固有个性和审美取向在大数据的推波助澜下被丰富，也被固化了。**

人们的关注点虽然集中，但只集中在自己喜欢的东西上；每个人可能了解的领域非常广泛，但群体性共同趣味的边界变得模糊了。“志同”越来越容易成为群体的标签，“道合”恐怕越来越难了。即便是对于某个群体来说看上去很火的话题，也未必人人适用，而这种分裂和更新的速度非常快。

比如，你以为中学女生聊起某少年组合会很兴奋，但实际上对方的反应很可能会是：“我对小鲜肉没什么兴趣。”你跟上班族聊起居高不下的房价，对方可能会说：“当房奴不是我的人生选项。”很多时候你不仅跟对方聊不下去，还可能被扣上“庸俗”“没品”“无聊”“脑残”等帽子。

准备好核心关键词

那么，收集不同人群的话题关键词这种方法，难道真的行不通了吗？当然不是。

要知道，在任何一个群体中，即使又分裂出更多小群体，即使每个人都有自己的个性，即使有着各种各样的变化，但**本质特点依然有着共通性。**我们依然可以收集不同人群的话题关键词，只不过在开启话题时，不要想当然地认为对方一定对这个关键词感兴趣，而是要把这个关键词当作话题的诱饵。

比如，你跟中学女生聊起某少年组合，对方说对小鲜肉没兴趣，恰恰说明她关注到了该组合，即使她不喜欢，也会经常听身边人提起，而“我对小鲜肉没什么兴趣”这句话也是在对该组合的认知的基础上发展出来的。

因此，我们在和对方聊天时，可以这样开启话题：“某某组合在中学生里是不是很火啊？我有个上中学的表妹，她说她的同学都迷他们。”

如果对方说：“我对小鲜肉没什么兴趣。”那么我们就可以继续接话：“我对他们不了解，也只是听说而已，那你对什么样的明星感兴趣呢？”对方可能就会回答你：“当然是大叔类型的，像黄渤那样的，太有魅力了！”这样你就可以接着她的关注点继续聊下去了。

同样，正因为上班族会关注到高房价的问题，才会分出“房奴”和“不想当房奴”的群体；正是因为适婚青年面临婚姻的问题，才会分出“渴望结婚”和“不婚主义”的群体；正因为老年人面临养老的问题，才会有的老人小心翼翼地养生，有的老人利用晚年时光四处旅游……

每个群体都有着不可避免的核心关键词，把这些关键词作为话题的诱饵，即使面对非常有个性的人，也能聊到对方所关注的特殊事物。

了解一下各种小群体的个性特征

当然，我们平时在收集不同人群的话题关键词的同时，也要关注一下每一种人群是否还会划分出更多不同的人群，了解一下各种小群体的个性特征。

虽然我们不可能做到对每一个小群体、每一种个性都有深入的了解，但平时可以多留意一下，看到或听到关于各种个性群体的消息时，不要觉得跟自己没有关系就忽略掉。尽可能地多收集此类信息，对我们的聊天大有益处。如果遇到的聊天对象恰好属于某个小群体，而我们又刚好对这一群体略有了解，就容易拉近距离。

哪怕是用一种小群体当作话题诱饵都可以，比如对二次元青年聊起 cosplay，即使对方完全不感兴趣，但可能也会想说：你也知道 cosplay？这句话的潜台词就是：“这位大叔可以啊，看上去宅，竟然这么潮。”这样一来，就能消除隔阂，拉近距离了。

总结一下本节内容的知识点：针对不同人群，收集不同的兴趣话题。针对更小的社交群体时，把收到的大范围话题当作开启聊天的敲门砖，然后在这个基础上抛砖引玉，聊到对方所关注的特殊事物。

最后还是要再提醒一下，与不同的人群聊天还是要靠平时的积累，不仅要眼观六路，还要耳听八方，比如，平时刷朋友圈和微博热搜，就是很好的积累日常生活话题的方式。不过需要注意的是，千万不要把要找聊天话题当作你一天到晚玩手机、拒绝跟真人聊天的借口。

第 28 课 “不站队”的人最受欢迎

想必大家都知道，派系斗争在职场中非常普遍，“鹰派”和“鸽派”，“博派”和“狂派”。有派系就离不开表态——“站队”。“站队”这个问题，在人际关系当中普遍存在，是一个像蚊子、像口腔溃疡一样微小，但又解决不了的问题。

我们经常会在微博热搜上看到这样的情景：

热门话题，明星 A 和明星 B 一言不合开撕了——有时候都不用一言不合，自然会有粉丝捕风捉影。话题下面的评论明显分为两大阵营，明星 A 的粉丝，力挺明星 A；明星 B 的粉丝，死扛明星 B。这太正常不过了，但是，我们还会发现这样一些评论：

“虽然不知道他俩是谁，但我站 A。”

“搞不懂在吵些什么，但 B 看着更顺眼，我挺 B。”

“站队”符合人的本性

围观者才不管真实情况如何，站队表态才是头等大事。我们日常聊天当中也很容易出现这种情况。我们曾经讲过两个人聊天时出现辩论的情况，如果这算是单挑，那么“站队”这种现象就几乎相当于打群架了。当然，人际关系中的这种“站队”往往不会以激烈的方式表现出来，而是以潜移默化的方式，形成一个一个的小团体。

人本质上是社会性的动物，都渴望和其他人抱团取暖。在群体中，一个人会找到与自己相似的人，从而获得安全感。因此，每个人都倾向于加入某个小团体，即便是本身没有任何倾向或者立场，也会挑选一个让自己感觉到安全的团体“站队”。这种选边站的行为，在很多时候是一种本能。

“站队”的不良影响

但是，从某种程度上来说，“站队”会影响我们与别人的聊天效果。

比如，你有一群朋友，其中两个人因为一些小矛盾有了隔阂，而大家由于偏向不同，逐渐分化为两个小团体，你也选择了其中一个团体。这样一来，你就失去了一部分朋友。分属两个团体的人再次见面时，轻则尬聊，重则绝交。这是其中的一种情况。

另一种情况是，大家并没有明显地分为两个小团体，面子上都过得去，但是每个人心里都各怀鬼胎。所以，再次和朋友见面时，基本剧情可能是这样的：你心里反复掂量，他是哪个阵营的来着？他好像跟 × × 走得更近。他知道我站哪一边吗？如果我跟他不同，他会不会讨厌我？如果刚好聊到有矛盾的那两个人，我和他立场不同，会不会吵起来？

别忘了，对方拿到的剧本跟你一样，就看你们谁演得好、谁套路深了。好好的朋友关系，弄得跟宫斗似的，还怎么好好聊天？

“站队”就是为自己预设立场。你在头脑中提前给自己设定了很多标准：这个是对的，那个是错的；支持这个人，不支持那个人；同意这种观点，不同意那种观点……

但是聊天不应该预设立场。就像我们前面说过的，聊天不应该得出结论，而预设立场比得出结论还要严重，因为还没聊就已经有阵地、有矛盾了。

下结论或许会使一场愉快的聊天半途而废，但预设立场或许会让你根本无缘一场聊天。比如，当你和某个人聊天时，如果你已经知道你们在一些问题上存在着很大的分歧，你在内心中提前就已经站到了他的对立面，然后心里时刻提醒自己：别说漏嘴，看看他怎么说。这样说会不会让他瞧不起我们阵营？他这个眼神什么意思？我说错什么了吗？等等。

或者，你不知道对方持什么立场，于是你就会想办法去确认对方“是不是自己人”“怎么看待 × × 这个人”，然后等着对方回答，以及如何应对。这就像谍战片、悬疑剧一样，怎么可能让聊天氛围轻松？执着于“站队”会让我们的人际关系变得狭窄，在聊天互动和思考方式上也难免偏激，影响聊天的氛围，甚至发生争吵、对抗。

反过来想也一样，如果你是某一个“队伍”的忠实拥护者，就是将自己的预设立场昭告天下，大家都知道了你这样的“设定”，于是，其他“队伍”的人就会避免和你接触，或者因为你的想法有所偏颇，无法敞开心扉跟你聊天。这样一来，你不仅无法好好聊天，还有可能招致反感。

“不站队”好处多多

只有“不站队”的人才是最受欢迎的。这样的人不属于任何团体或队伍，和每个人都能聊。而且，“不站队”的人往往能够从更加开放的角度看待问题，更具全局化的眼光，能从更宏观的角度来思考问题。因此，无论聊天对象持怎样的立场，“不站队”的人都能聊得来。

此外，“不站队”的人能够平等看待每一个人，不会对任何人有歧视。这样的人，不拒绝与任何人交流，因此也不会遭到别人的拒绝，每个人都可以放心大胆地和这样的人聊天。

而且，“不站队”的人能够缓和聊天气氛，当有人在聊天时说起其他团体的坏话时，或者当立场不同的人发生争执时，“不站队”的人能够从中化解矛盾，调整聊天氛围。

避免“站队”的诀窍：转移话题

之前讲过，每个人都渴望加入一个小团体，从而获得安全感，这是人性，但这里又告诉你“不站队”才最受欢迎。这么难以把握分寸的事能做到吗？

能。**“不站队”不代表没有意见和判断，**不代表没有倾向，但很多时候这种倾向不适合在聊天当中强烈地表现出来。“不站队”也并不意味着我们要去当和事佬、调解纠纷，而是要学会巧妙地避免矛盾、转移话题。

比如，有三个人聊起了某歌手曾被朝阳群众举报，坐牢后现在又复出了，三个人的聊天开始了：

A：“这种人就不能再出来混了，应该封杀！”

B：“他还是个孩子啊，再给他次机会吧！”

A：“你们家有 30 多岁的孩子啊！”

B：“谁还不是个宝宝？还想咋的？”

于是，A 和 B 两个人吵了起来。这种时候，无论 C 站在哪一边，都会形成二对一的局面，对孤立的那个人会造成加倍伤害。但如果 C 强行终止话题，又反而会激发他们心中潜在的胜负欲，可能会激化矛盾，无异于火上浇油。

这个时候，**面对“站队”最好的办法就是转移话题，**把双方的注意力巧妙地转移到别的话题上去。比如，C 看他俩吵起来，立马转移话题：“那天我从大悦城出来，在朝阳北路上走，就吸了一下鼻舒清凉剂，你猜怎么着，后来我发觉有好几个人一直盯着我看。我要是再来一次，他们准得扑上来把我按倒在地。朝阳群众不得了啊！”

A 接话：“听说举报之后奖励不少呢？”

B 就会接着说："你以为呢？反恐和情报是朝阳区的支柱产业。"

接下来他们就不吵了，还能聊到一块儿去。

"不站队"不等于当"墙头草"

当另外两方争辩得不可开交的时候，作为第三方的你，不要只想劝阻另外两个已经对立的人，可以抛出自己的新看法，适当引导避免炸弹爆炸。如果你有第三方的意见或者观点，那也可以先肯定别人的看法，再提出自己的看法，而且不要只一味地表达自己的观点。

最后还是要强调一下：**"不站队"并不是让我们当"墙头草"，而是在立场上保持公正、氛围上维护和谐，不因聊天对象而改变立场，不因聊天话题而妄下结论。**这样的人能够显得慷慨大气，不会给人留下见风使舵的印象，大家都会觉得自己和"不站队"的人聊天能够得到真诚的肯定，因此也就更喜欢和这样的人聊天。

这个话题其实很难讲清楚，因为"不站队"的关键其实是分寸感。既不是让你奉行"不结盟主义""孤立政策"，也不是让你跟任何人都亲密无间、消除亲疏远近。

"好吃"可以，"懒做"真的不好；"党同"也没什么问题，但是绝不能"伐异"。大家因为有着相同的兴趣爱好或是理念追求，所以惺惺相惜、关系亲密，这很正常；但是绝不能把志同道合变成非要"站队"，变得面目全非。

第 29 课　聊天要表现出亲和力

通过前面的内容，我们已经知道，聊天能够让人放松，还能促进人与人之间的交往。除此之外，聊天还能让人了解人与人之间微妙的情感。

聊天要表现出亲和力

现在的人际关系非常脆弱，甚至在很多时候，**人与人之间的交流变得简单和固化。**通常都是利益带来的服务与被服务或者合作与共赢的契约关系，比如，物流小哥送快递、大爷看着小区大门、财务报销费用……“这就是你的工作，做好是应该的，做不好我就有权批评你。”于是，很多时候，服务的一方强忍压力，被服务的一方理直气壮；合作的双方彼此猜忌，公事公办。因此，**通过聊天建立彼此之间的安全感，在如今的交往中十分珍贵。**

谈到“亲和力”，什么时候会用到这个词呢？常常是用在平级，以及下级的关系中，从没听说过“我跟我们领导说话很有亲和力”。但是，越是平级之间越容易自以为是、唇枪舌剑，对下级越容易颐指气使、自说自话。

这都会消磨掉聊天中自带的亲和力。我身边有一个朋友很会聊天，不仅话题多，而且也关心人，但是没有人觉得她是一个有亲和力的人，因为她在聊天中表现出来的态度就是不尊重人。

她是一个女强人，工作很努力，离异之后一个人带着孩子。也许是把全部的希望和注意力都放在孩子身上了，所以对孩子的管理极其严格。她的孩子也很优秀，在很多比赛和活动中获得了很多奖项。于是，当她和别的妈妈聊起育儿的时候，聊天就变成了她的课堂。

她常常告诉大家：就应该让孩子学习这个；就应该告诉孩子什么道理；必须去参加什么比赛；必须让孩子远离什么朋友。她甚至告诉年轻的妈妈，必须把孩子放在自己身边，晚上要摸摸孩子的手脚，看看是不是会着凉。她说的也许对，但是至少犯了两个错误：一个是太想说服对方，另一个是没有了解对方的需求。

实际上，我跟她的想法恰恰相反。从教育本身来说，不能让孩子神经绷得过于紧张，给他们太大压力。而且，参加比赛不是为了获奖，而是为了体验过程，不能树立成王败寇的心理。从家庭上说也是如此，不要把孩子变成自己理想的试验田、变成自己独有的财产，不要把孩子变成你生活的唯一和全部，不要做一个这么典型的中国式家长。

所以，某天她又在推荐什么培训班的时候，我就说："《红楼梦》里说得多好：'训有方，保不定日后作强梁。'别管得那么紧，否则孩子容易变'妈宝'，你变成恶婆婆。"她直接怼回来："你不懂！"也许我真的不懂教育孩子，但是我至少知道这不是好的聊天状态——不亲和。

长期真心的坚持才能带来亲和力

亲和力是一种发自内心的坚持，不是功利性的维护。聊天中的亲和力不是一次谈话就能够带来的。你需要长期保持一个亲切而且积极的状态，才不会变成刻意讨好和临时性有事相求的保障。

因为需要门卫大爷给自己保留一个停车位，所以赶紧临时去跟大爷搞好关系，这不是临时聊天能够带来的。平时看到大爷在下棋，就多问一句"大爷下棋呢？"在买菜的时候碰到了，也要跟大爷打招呼，而不是觉得自己跟门卫做朋友很丢人；无意中听说大爷家里有喜事了，说一句简单的："恭喜啊！"这样一来，大爷也会觉得你真的关注了他，多了一份惊喜。

而且，这种聊天带来的亲和力，**不是其他小恩小惠或者临时讨好能代替的**。就像前面说的，**这种聊天带来的是信任感，不是物质带来的利益感**。

我们在手机或是电脑上回复别人消息的时候，经常在后面加一句

“么么哒”，或者加一个“笑 cry”表情，再或是加一个其他表情包，就感觉亲和多了；在真正面对面聊天的时候，也不能忘了平等的态度、交换的笑脸和长久地坚持。

第 30 课　靠聊天拉近和周围人的关系

所谓“舒适区”，就是一个让人感到最放松和安全的心理区域。处于这个区域里的人通常是我们的亲人或者特别熟悉的朋友，他们和你的关系十分近，你不必费力就能和他们顺畅地交流。

扩大自己的舒适区

我们毕竟不同于温室里的花朵，不能总待在同一个舒适区里。在不熟悉的环境中，我们如果不想像蜗牛一样躲在壳里，就要想办法和周围取得联系，**让自己的舒适区随着环境的变化而扩大。**

我有一个朋友，他从原来的公司跳槽到了另一家公司。有一段时间，他经常找我喝咖啡或者去酒吧，甚至有时候会跑到我学校来，说只是想在我旁边坐一会儿。我觉得这位朋友应该是有什么难言之隐，不好意思开口。

我问他：“你最近这是怎么了？”

他憋了半天终于说：“还不是因为进了新公司，那儿的工作环境和原来的相差太多，总觉得自己是个局外人，我经过的地方总是会觉得很尴尬，很难融入大家。所以我得跟老朋友多待待，找回一点过去的影子。”

“我还以为是什么事呢！你想想，上学的时候总见过转校生吧？他们刚到新班级里的时候什么样？搞不好，就会跟学校里有些孩子合起伙儿来欺负人呢。那这些新来的学生后来是怎样和大家打成一片的？”

“有了！我得主动跟人说话！”

“这才对嘛，多和人聊聊天儿，关系自然就拉近了。俗话说‘伸手不打笑脸人’，人家和你聊天的时候感觉如沐春风，自然会对你有好感。”

生活中，我们常常要面临新环境，一个新人融入集体的过程通常都是循序渐进的。作为一个新人，的确会感到一层看不见的壁垒把你阻挡在外，让你总是感到紧张。这并非是新集体排外，因为一段关系是需要通过有效的沟通才能够建立的。

因此**你要积极主动地和人交流，表达自己，了解对方，**这样才能快速拉近你和周围人之间的关系。很多时候，并不是别人拿你当外人，而是你先认定了自己是个外人，因此畏首畏尾的，时间长了，也就真的成了外人。

万事开头难，主动是关键

经常听到一些朋友说他们总是感觉孤独，在人群里似乎被孤立了。他也渴望能和人交流，但是却迈不出第一步，不敢主动和人聊天。这种感觉十分矛盾，突破起来不是那么容易，因而有人萌生了逃避的想法。但是人毕竟是社会性动物，没法做到把自己完全包在壳里，不与任何人打交道。

在这种情况下，该怎样寻求突破和改变呢？没有什么秘诀，只有笨办法，可以告诉你做什么、怎么做，但是**前提是你要敞开自己，主动去和人聊天，让人看到你、听到你。**

当你敞开心扉时，就会发现一个不一样的世界。不要总是想着：为什么没人来找我呢？记得《大话西游》里唐僧怎么说的吗："你想要啊？你想要你就说啊！你不说我怎么知道你想要啊？！"

那么，该怎样操作呢？任何事情都不是一蹴而就的，要先给自己定一个小目标。你可以把聊天当成打游戏，自己是一个新手，要从新手任务做起。在游戏里要像和NPC（非玩家控制角色）说话、领任务一样，在现实生活中，这个"任务"就是，每到一个陌生的环境，你要先主动上前和人说话，至少要和一个陌生人变得熟悉起来。

第一次交流的首选目标是同类

为了有一个好开头，降低难度，也为接下来认识其他人培养信心，你要先仔细观察，找到一个最合适的人进行交流。那么，这个人应该是怎样的呢？你要记住一点，**最好的交流对象永远是你的同类。**

如果你发现了一个看上去有些局促，似乎也觉得环境很陌生，不怎么和别人交谈的人，那么你可能找对人了。接下来你应该走过去，站在他旁边，如果他没有走开，你就可以开口了："和这儿的人都不太熟，还真是不好插话啊。"

如果对方和你一样是苦于没有交流对象的人，很可能会接着你的话来回应："没错，真是有点儿无聊，但是又不能转身走掉。"

这样你就有了一个可以聊上两句的对象，比起其他人，对方已经是你的"熟人"了。只要开了头，你就可以应用我们之前讲到过的一些聊天技巧来让对话继续下去。

万事开头难，你主动走出了第一步，剩下的事情会慢慢水到渠成的。在这里要再次强调，**聊天的本质是让人放松的，**如果你能和周围的人愉快地聊天，你们之间的关系肯定会越来越近，越来越好。

聊天就好像是一座桥，把你和他人连接在一起，你就不再是一个孤独的人。

第 31 课　闲聊对我们的影响是潜移默化的

聊天在生活中无处不在。而且**从聊天中获取的信息，你会记得非常牢**。常见的一句话就是："我之前听说……"所以，聊天对我们的影响是潜移默化的。我们在聊天的时候，通常不会刻意抱着"得到一些什么信息"的目的，但是如果你以真诚的态度去和人聊天，那么除了可以扩大人际交往范围之外，有时也会"无心插柳"，从中得到意料之外的收获。

像前面提到过的一种情况：你并不是那个主动提出话题的人，只是在顺着对方的话题聊下去。对方所说的话题，可能你原本不熟悉，但是随着聊天的深入，你可能就被这个新话题吸引了。你不但会从这次聊天中有所收获，还会发现一个新的领域。如果你愿意继续研究，就会多掌握一些知识。

聊天要认真，说不定就学到东西了

之前遇到了一个久未谋面的朋友，因为好久不见，自然多聊了一会儿。闲谈中，我们聊起了这段时间各自的收获，他说："我在四川住了大半年，拜访了很多酒厂，看到了不同的制酒工艺，原来做酒和品酒是这么有意思的事情。"

我说："怪不得一股酒味儿！我还想呢，人家天天喷香水会客，你得喷点五粮液才能出门。"

我自己只会喝酒，对制酒、品酒一窍不通，尝出来的味道只有苦和辣，或者有气泡和没气泡。但是这位朋友很懂这些东西。那次听他兴奋地说了半天，我从中学到了不少制酒、品酒的知识，还对制酒这门手艺产生了很大的兴趣。

聊天除了能让我们得到一些有趣的信息，让我们在和其他人聊天时有更多话题可聊之外，还能在潜移默化中扩大我们的知识面。有时候，如果聊天的内容没能引起你的兴趣，你可能就会敷衍了事，甚至答非所问，让对话变得很尴尬。

所以，即便是碰到了完全不了解的话题，你也应该认真地倾听，这不仅是对他人的尊重，还可能因此发掘出自己隐藏已久的兴趣。这样一来，你就可能得到一些意想不到的收获。其实你还可以这样想：如果你是那个在某一话题上侃侃而谈的人，但是你的倾听者眼神飘忽，对你回应"嗯""啊""哦"，你心中会做何感想?

比如，你和朋友边喝咖啡边聊天，恰好看到咖啡馆的书架上有一本书，名字叫《禅与摩托车维修艺术》。你的朋友说他读过了，你不但没有读过，而且瞥了一眼书名就觉得这本书不靠谱，也不喜欢，反正你既不想出家，又不想学修摩托车。

朋友表示这本书很有意思，并且提到了书中的一些段落，你只是随声附和着，完全没有认真去听。朋友说了半天，问道："你是怎么理解禅的呢？"你说："馋了好办，一会儿我们去吃麻辣串串。"这就尴尬了，一下子就把这次聊天从精神世界拉到了苍蝇馆子。

如果你的朋友没有因为你的打岔而生气，你也端正了心态仔细听。你会发现这是一本关于信仰、工业文明，以及理性世界与感性生活交织的奇书。你并不会因为读了它就要去摆摊修摩托车，也不需要出家信佛。

即便你一开始就觉得聊天里提到的某个领域或者某样东西不合你的心意，但是如果肯认真用心去倾听，去了解，你就能发现它的好处。这些好处对你是新鲜的、温热的，能让你增长新的志趣，开阔你的眼界。当下一次再有人和你提到这些时，你会报以会心的笑，真诚地说一句："确实是这样，还真是很有趣呢。"

在前面还提到过，聊天的时候要懂得真诚地赞美对方。当然，这种赞美也会回馈到你自己身上，让你受益。你会通过聊天得到鼓励，对自己更满意。

有次阿楠要去参加一个活动，但是事先准备好的衣服被家里的猫踩了几个爪印。他临时又找不到别的衣服应付，只好穿着胸前有猫爪印的衣服出门了。

他心里非常别扭，对自己的形象极其不自信。但是已经到了，还是得好好地社交一番。阿楠就跟女主人聊了一会儿穿衣经，出乎他意料的是，女主人夸他衣品出众，懂得设计，胸前的猫爪印很好地平衡了衣服沉闷的色调，显得俏皮、可爱！接下来好多人都问阿楠那件衣服是哪个设计师的作品，先前猫爪印带来的别扭感消失了，他反而得意起来。

后来他回忆道："在那一瞬间，我觉得自己像是金城武附体，整个房间里的灯全都照着我。我在会场里走了一大圈，无论我走到哪儿，都有人带着渴望的眼神看着我……"

聊天还能帮你收获额外的动力

聊天的作用还不止于此。如果你在闲聊时能保持认真和专注，给对方积极的反应，那么在你需要时，对方也会给你相应的积极回应。因此，聊天不但能让人放松心情，在关键的时候还具有隐藏属性，那就是提振自己的精神，给自己加油打气。

再举个例子，你眼下有一项很重要的工作等着完成，但是这项工作很困难，你跟自己说，一定要努力，可是心里难免会有一丝犹疑和顾虑。这时，一个可行的方案就是，在聊天时跟人提起你正在做这项工作。

你可以在闲聊的时候跟朋友说："这个工作真是难做啊，用了一个月才刚开了个头，但是我一定会搞定它的。"

如果在过去的聊天中，你对朋友总是积极地回应，那么在这个时候，他通常会给你很大的鼓励，甚至是丧心病狂地吹捧："这个事儿也就你能干好，我还不知道你？等工作完成，哥儿几个给你摆酒庆祝！"听了这番话，你心里如果不豪气干云一番，简直对不起朋友。于是你的信心增强了，就能更好地完成任务。

聊天能让你学到很多本来不感兴趣或者没机会了解的知识，让你成为更丰富有趣的人，也能让你获得不一样的鼓励或者赞扬，让自己变得更好。因此，**闲聊是在潜移默化中深刻地影响着我们的，它也对我们的生活有着重要的意义。**

第 32 课　聊天是每个人的生活必需品

我最喜欢和四岁的女儿聊天，因为她极度纯粹。四岁的年纪似懂非懂，她很喜欢说话，但其实又不知道我们说的是什么，很有意思。

和孩子聊天最放松

有次我们玩一个游戏，我躺在床上装死，结果她以为我真的死了，直接就哇哇大哭了。我赶紧“活”过来，如果直接说：“我没死，我是骗你的，逗你玩儿呢。”我觉得她不一定会开心，大人这种吓唬孩子、逗孩子的方式其实很不好。

所以我就这样说：“你看，我刚才昏过去了，结果你有一滴眼泪掉在我脸上，我就又醒过来了。听说美丽公主的第一滴眼泪是可以让自己最喜欢的人苏醒的！谢谢你救了我，但以后一定要省着点你的眼泪，尤其是第一滴，别浪费，关键的时候用来救人好不好？”

她说“好”，然后又问我：“如果那个人我不喜欢，也能有用吗？”

我说：“如果不喜欢，你就叫医生叔叔来，他们会救人的。”

她又问我：“那医生为什么不用哭也能救人呢？”

我说：“因为医生太苦了，他们的眼泪在学习的时候就流干了，他们只能靠药和机器来救人了。”

她突然说：“那我每次哭的时候就把第一滴泪放在瓶子里，留着给他们用。”

不知道大家有没有这种感觉：跟孩子聊天的时候最放松，童言无忌的话最容易打动你。但是跟大人聊天，有时候却有太多的禁忌、太多的猜测和目的，会觉得很累。这就是为什么聊天也能够成为学习内容。但是在一开始我就反复强调，**聊天是用来放松的，**它的本质是用来欢乐的，所以整个《认知篇》其实都在试图让大家感受聊天本身的那些美好。

聊天有一种没有意义的“意义”

招生考试的那天，我站在四楼的教室望出去，能看到仲彝楼前那片草地。一个披着红色大衣的女孩盘腿坐在弘一法师像前，她面前有一只小小的花白毛色的流浪猫在盯着她看。

女孩看到猫便向前探身，伸手招逗。我听不到她跟小猫说什么，只是看到她的嘴唇一直在动。因为学校里的师生普遍对这些流浪的生命很亲切，所以猫有悖自然常理地走近了女孩，毫无戒备地蹲坐在她手边。我猜那女孩应该是考生，是那几万报名者中普通的一员。

此刻她沐浴着阳光，享受着一只猫的信任；下一刻她就该走向考场，面对众多的竞争对手和严苛的审视目光。此刻能给她力量的竟然是和一只猫的聊天。

有次阿楠跟我哭诉，因为他分手了。他把该取关的都取关了，该拉黑的也都拉黑了，在一个信息社会彻底断了联系，就是真的结束了。他说他们原本订好了一个旅行计划，但被分手打破了。犹豫再三，他还是到了订好的酒店，只不过住在不同的房间，彼此不会碰面罢了，他把需要转交的东西放在了前台。

我也想安慰他，但其实我可能不如一个旅馆前台来得真实、有用，因为前台能帮他传递最后的告别，帮他捕捉对方最后的表情和背影。我也知道说什么话不重要，因为有些谈话本来就不是为了解决问题，而是为了缓解痛苦。

四岁女孩的惊恐、普通考生的焦虑、成人世界的情感，都是各自生活中无可逃避的一部分，甚至是生命中一个人的战争，但是人的本能选择都是要找一个人去倾诉、去交流。**无论是谁，都无法脱离社会而单独存在，你并非处于一个孤岛之上。**

如果你身在人群，却把自己封闭起来，那么你将会比身处荒岛更加难过。我们都要和周围的人交往，正是这种交往才让我们感受到什么是生活。所以，聊天是没有意义的意义。

实践篇：

如何跟各类对象聊天

在接下来的章节里，我们要把场景中涉及的对象区分出具体的角色，共同探讨一下，面对不同的人时该怎么更好地聊天。

开启内容的新篇章

除了父母之外，我们所有的社会关系都是后天习得的。因为成长环境和性格的不同，每个人对社会关系的处理也是不一样的。一段关系的建立，首先在于交流，如果交流出现了问题，关系的培养和发展也会出现问题。而最简单的交流，莫过于随便聊上几句。而有些朋友并不是十分擅长这种闲聊，所以才会有了这本书。

在人类进化出了语言功能之后，人与人之间进行交流的基本形式不再是像金刚一样的手舞足蹈和仰天长啸，而是不经意的闲谈，用一种不经过太多锤炼的质朴语言去表达自己，了解别人。

在这样的时代背景下，如果我们懂得如何聊天，如何聊好天，将会极大地提高生活的便利性，而这一点，是我们努力工作和奋斗的核心目的之一。因此，聊天的能力在很大程度上决定了我们将会获得怎样的生活。

在之前章节的内容中，我们认识了聊天的重要性、迈出第一步的重要性、勇于实践和练习的重要性；同时也讨论了一些常见的社交小技巧，了解了当你面对邻居、同事、新的集体和新的朋友时，应该注意哪些问题；还让你们认识了阿明、阿楠、小洁这些奇葩。

在接下来的章节里，我们要把场景中涉及的对象区分出具体的角色，共同探讨一下，面对不同的人时该怎么更好地聊天。

第 33 课　不要以为长辈不喜欢你口中的时髦词

父子俩坐在一棵大树下，父亲指着树枝上的一只鸟问："儿子，那是什么？"

"一只乌鸦。"

"是什么？"父亲的耳朵近来有点背了。

"一只乌鸦。"儿子回答的声音比第一次大，他以为父亲刚才没听清楚。

"你说什么？"父亲又问道。

"是只乌鸦！"

"儿子，那是什么？"

"那是只乌鸦，听到没有，是只乌——鸦！"儿子已经变得不耐烦了。

父亲听到儿子的回答后，没有说一句话。过了一会儿，他突然站起身，慢吞吞地走进屋里。几分钟后，父亲坐回到儿子身边，手里多了一个发黄的笔记本，他翻到25年前的一页，然后读出声来：

“今天，我带着乖儿子到院子里走了走。我俩坐下后，儿子看见树枝上停着一只鸟，问我：‘爸爸，那是什么呀？’我告诉他，那是只乌鸦。过了一会儿，儿子又问我那只鸟是什么，我说那是只乌鸦……儿子反复地问那只鸟的名字，一共问了25次，每次我都耐心地重复一遍。我知道儿子很好奇，希望他能记住那只鸟的名字。”

我非常不喜欢上面这篇鸡汤文。这种文章细思极恐，因为表面上看是在弥补父子之间的感情，但实际上是在分裂。父母给儿子做事情要拿本子记下来？还要当面读给儿子听？就是为了让儿子怀着羞愧来认错报恩？故事弱化了父母无悔的爱心，也贬低了孩子的自我认知，还扩大了长辈与晚辈之间的思维差异。

我们不是真的跟长辈聊不下去

长辈们，特别是父母，用马薇薇的话说就是：一群不萌还作的小孩。虽然没那么夸张，但是可能你并不喜欢跟长辈聊天。你几乎认定聊不到一起去，认为你们的生活圈子和关注焦点完全不在一个层面上，因此本能地拒绝和他们深入地聊天，更别提愉快地和他们分享你喜欢的事情了。

我们经常会遇到这类情况：你本来正在跟朋友聊微信，朋友跟你说了一件特别好玩的事情，你非常开心，这时走来了一位长辈。还没等长辈开口，或者刚刚说了一两句话，你就迫不及待地说："二叔，我去处理一点工作的事儿啊。"然后立马走开，换个地方低头接着跟你的朋友聊微信。

很多人都认为和长辈说话实在是太麻烦了，什么都要和他们解释。还有人说："我那天就跟我妈说了一句：'这种人一看就是loser。'我妈就说我不学好，我当时就纳闷儿了，我怎么就不学好了？"

其实，**长辈跟我们最大的不同不是年龄的差距，而是思维的差别。**所以，有些人玩游戏到后来发现，其中一个队友竟然是他爸！老爷子一样可以跟我们一起玩啊。父母不是不能跟我们交流，只要把我们之间的思维和习惯最大限度地接近就没问题了。

将心比心，现在的晚辈将来也会成为长辈

很多时候，你不跟长辈交流的原因都是"我觉得"——"我觉得他没法理解我""我觉得他肯定听不懂""我觉得他不太适合这个话题吧"，但是，这种"我觉得"的内心戏是站不住脚的。如果说聊天能够弥补人与人之间的隔阂，那么你连一个弥补的机会都没有给长辈。

抱着这么多"我觉得"，就会进一步觉得：如果他们不懂，就要费劲去解释，解释一遍还未必听得懂，还要解释很多遍，想想就好烦啊，不如干脆跑掉算了。

我是一个80后，被85后称"前辈"，和90后有代沟，更别说00

后了。但是 00 后也有一天会不理解 10 后的世界，不明白他们说的话，不熟悉他们谈论的明星。这就是时代的变迁，**总有一天，你也会变成别人嘴里的“长辈”**。

到那个时候，相信你一定不想被晚辈嫌弃，你会对自己说：“我是一个热爱学习、与时俱进的人，我愿意学习新的东西，一定不会落伍的。”那么，既然你有这样的愿望和自信，又怎么能断然否定自己的长辈没有同样的愿望和自信呢？这显然不太公平了。更何况，在这样一个快速发展的社会中，与时俱进的长辈只会越来越多。

因为我在大学里工作，所以经常有长辈或者前辈向我询问这些问题：现在的大学生好教吗？他们都在想什么？平时跟你聊什么？他们对年轻人有强烈的兴趣，想知道年轻人的生活和经历过的事情都有什么发展和变化。

因为从事媒体工作，很多时候，我自己也在想：现在的年轻人喜欢什么？如何让他们关注我们的媒体，如何能吸引他们的眼球？后来我就想明白了一件事：最容易接近年轻人的方式就是接近他们说话的方式。

因此，不要觉得长辈不喜欢、不理解、不接受你们的世界，关键是要试着和他们交流。那么，又该如何交流呢？不如就从当下时髦的词汇开始。

老年人也在学习新事物

长辈其实跟我们一样生活在同一个网络信息社会。他们也天天捧着手机，他们并不是不知道、不接受，只是需要有人带一下。很久以前的时代，老人有智慧、有经验，年轻人要依靠他们；而现今，接受信息的渠道如此之多，社会变化如此之快，年轻人很多时候反而是“前辈”了。世界变化这么快，就该多交流。

现在生活节奏快到连说话都要极尽简约，于是很多新词应运而生。比如“细思极恐”“鬼畜”等。虽然有些长辈表面上显得很高冷，一副“这种东西就是胡闹”的表情，其实他的内心是十分火热的，这就叫“口嫌体直”。当他说“你怎么不学好”的时候，是一个碍于他是长辈的姿态，但是更多的也是一种调侃和甜蜜的嗔怪。他并不是真的在批评你不学好，所以你也别当真。

还有一点，从情感上来说，长辈通常都希望能和孩子多多交流。他们是害怕自己落伍的，当你从他们面前跑开的时候，你不会看到他们眼里闪过的落寞。而一旦你跟他说上几句话，他们将会感到非常高兴。可能你的内心戏是：拜托，今天又缠着我聊天。而他们想的则是：真好啊，今天又学到了新东西。

清除刻板印象，发现不一样的长辈

那么，该怎样和长辈好好聊天呢？我们选择一个场景：逼婚。母亲总是很担心子女的婚事，给子女安排很多看似不太合适的相亲对象。但是，我们也知道没必要逃避或者反驳，而是应该尽量好言好语地哄他们。

阿楠也面临这个问题，他跟他妈妈是这样说的：“您儿子那是挑媳妇儿吗？您儿子那是在给您挑养老保险。慢是慢了点，但是顶层设计要到位，‘互联网＋’得用好，说啥也得挑个能跟您融洽相处的。您看隔壁老王，买车、买房、结婚生子，算是整完全套了，可老王他妈也没少跟您抱怨他们的儿媳妇这不好、那不好吧？我看这就是太草率，磨合期不够导致的。您儿子还在人生的五月份——春天——小长假，您就跟我一起放松点儿吧，啊！”

结果，他妈妈沉吟片刻，然后拿起了擀面杖：“嘿，差点被你忽悠了！”

通过这个例子，我们能够明白一点：面对长辈的唠叨一定不要不耐烦。当他们刚开始唠叨的时候，姑且由之，因为他们的确有他们的焦虑；等到他们为了唠叨而唠叨的时候，你就可以找个机会，慢条斯理地攻心。

注意，硬碰硬永远是最差的选项。我们常听到一个词：老小孩儿。其实很多时候长辈就像一个小孩子，你要做的不是针锋相对，而是要尽量哄着他们。小时候他们怎么哄你，你现在也得怎么哄他们。你要记得，没有长辈不喜欢听好话。他们开心，你也落得个清净。何乐而不为呢？

永远不要把代沟想象成天堑，彼此**越是不沟通，关系越疏远**。如果这番话不是自己妈妈说的，而是三姑六婆、七大姑八大姨说的，你一样也可以好言好语、慢条斯理地回答她们，不仅有礼有节，还给足了对方面子，大家都开心。

无论如何，长辈的身份和心态跟我们不一样。所以不要忽略长辈的语言禁忌区域。你可以跟他们聊很多热点话题、聊娱乐八卦，也可以用点时间跟他们解释：不要在你觉得好玩的话后面加一个“呵呵”，那个真不是用来表达开心的。

最后再像一个长辈一样嘱咐大家几句：跟任何长辈聊天都不要摆出一副“你年纪大了，太老土太过时”的态度去聊天。这种姿态不会显得你高级，反而显得你没有教养。你拉低了自己的底线，也伤害了彼此的感情。

长辈本来也有他们自己的圈子，难得的交流机会别错过；很多长辈没有那么刻板，跟他们交流的时候记得之前讲过的聊天列表，关注一下他们平时喜欢什么，寻找彼此的共同点，这样，即使是很久没见的亲戚，你也记得他喜欢养生、问问他最近吃什么脸色这么好；记得他现在抱孙子了，所以问问带小孩子累不累、好不好玩。

像和老朋友一样闲聊几句，你可能会发现不一样的长辈。

第 34 课　面对心仪的异性如何聊天

这里要说的，不仅是我的忧愁，也是很多朋友的痛点和刚需，那就是，在面对一个心仪的异性时，该怎样聊天。当然，这是一个太大的课题，本节想要探讨的是一些和异性聊天时可能遇到的问题，以及初步的解决办法。至于以后的路该怎么走，只能借鉴曾志伟在《无间道》里的台词了："各位，以后就靠你们自己咯。"

首先要弄清楚的是，在面对自己心仪的异性时，可能出现哪些阻碍?

跟异性聊天避不开的问题：紧张

毫无疑问，第一个问题是我们最常遇到的：紧张，不知如何开口。

你想象的可能是类似007里那样的场景：邦女郎款款走来，坐在你旁边，轻启朱唇问了一句："你喝的是什么？"你给酒保一个手势，酒保把一杯同样的酒放在了她面前。就在她端起酒杯啜饮一口的时候，你轻轻地说："你会喜欢它的，因为它最有味道。"你们两个眼神交错，心领神会。但实际情况是这样的：

女神一步步朝你的方向走过来，你感到喉咙发干，心里酝酿着一会儿该怎样打招呼。可是想了半天只说出了一个"嗨"，而且因为紧张带上了发颤的尾音。女神像是没有注意你的窘状，礼貌地打招呼："好久不见，最近在忙些什么？"

你心里纠结：忙些什么？我把最近项目进度和会议日程照直说一遍？不行，有点长！假装最近不忙？不行，那样显得好没有事业心啊。岔开话题说些别的？谈谈美国总统还是什么首相呢？你的额头浮起了一层细密的汗珠，急得眼睛乱转，就是说不出话来。

女神关切地问："你怎么了？是哪里不舒服吗？"

你又想：她怎么这么关心我？是不是对我……不可能，我就是一个小透明啊，她怎么会注意到我呢。但是我该怎么说呢？有了！我前天刚看了个段子。嗯，这样说一定没问题。

你的目光从迷离变得坚定，你勇敢地抬起头来，想跟女神说："都是因为你的光芒太过耀眼，让我感到有些眩晕。"结果说成："都是因为……"话没说完呢，女神已经走了，似乎还在嘀咕："这人什么毛病？怎么连句话都不会说。"

喜欢，紧接着的表现就是紧张，如同张爱玲所说的"瞬间低到尘埃里”和“知乎”里说的“突然发现所有的恋爱技巧都用不上了”。紧张带来的第一个结果就是想太多。**而想太多，往往会让你失去当下最本能的判断力。**

想想《复仇者联盟》里的大魔王一个比一个厉害，每个英雄都得相互配合还要独当一面。很多时候刚逃出生天，又身陷险境。试想一下，如果去除掉主角光环，他也像你一样，面对险象环生的情境先思考一下、感叹一下，那就根本来不及耍帅，下一秒就会被敌人消灭。

因此，千钧一发之际，真正的高手凭借的全是本能！本能地应对，本能地出招，本能地判断对方的下一个动作。

训练出高手的本能

再说一遍，聊天是用来放松的，聊天不是战斗——但是，**和心仪对象的聊天是战斗，**只不过战斗的对象不是女神，而是你心里的怯懦。怯懦不过是虚张声势的伏地魔，你只要敢于正视它，每向着它迈一步，它就会虚弱一点。

所以，你要怎么做呢？首先就是要训练出高手的本能。这也是之前不断强调的，平时要多加练习，让聊天成为一种本能。要养成和谁都能聊上几句的习惯，当你把见人打招呼、聊天变成一种本能后，即使面对心仪的对象感受到了压力和紧张，也会下意识地说上几句。

而对话一旦开了头，你的自信就会逐渐回到身上，聊天的进程也慢慢变得可控起来。在遇见女神的那短短几分钟里收放自如的背后，需要的是平时和大爷大妈、同事邻居的无数次“过招儿”。只有多观察、多实践、多改进，找到一个适合你的方法不断练习，掌握越来越多的聊天技巧才能让你拥有高手的本能。

要纠正患得患失的心态

紧张带来的第二个问题可能就是说话声音太小。很多姑娘都面临这样的情况：尽管对一个男生十分仰慕，但是有一天她跟这个男生独处的时候，却没有把握好机会。

有一个姑娘就跟我分享过亲身经历。男生主动跟她打招呼：“嘿，总听人提起你，今天终于见到了。很高兴认识你。”她的内心其实是狂喜的，但口中却是含糊的：“我也很高兴认识你，‘终于见到你了’这句话，应该是我说才对。”

女生话说得没问题，但是音量大概只有 20 分贝，所以男生只听见了一阵若有若无的嗡嗡声。男生又说了几句，得到的回答都是这样的，最后挠着脑袋走开了。事后那个男生对别人说：“可惜了，这么好的一个姑娘，怎么就哑了呢？”

请问：当你和心仪的对象在一起时，最想做的是什么？**当然是吸引对方！**如果你的声音让对方听不清楚，甚至一听就沮丧，那只会让你们之间的距离越来越远。你要经常练习，让自己习惯于大声说话。这并不是让你变成居委会大妈，一张嘴全小区都听得到，但起码要让对方能完全听清你想表达的信息。同时，还要学会有感情地说话，让人感受到你内心的喜悦和悲伤，这样才能和你产生共鸣。

人有时候的确很奇怪，明明很喜欢却会选择逃避，连上前说话的勇气都没有。这个问题背后的原因就是患得患失。

我们都**喜欢得到，害怕失去，更害怕失去的是自己非常喜欢的东西。**要解决患得患失这个问题，首先要摆正心态，抛掉得失心。陈奕迅的《十年》唱道："十年之前，我不认识你，你不属于我。"是啊，两个人不相识的时候，谁都不属于谁。

当你和心仪的人连话都没有说上几句，八字还没一撇的时候，害怕失去又有什么意义呢？得失只在一念间，勇敢地说出第一句话，可能会有出乎意料的收获。同时，你还可以把它当成锻炼自己勇气的机会。我们都有害怕的时候，但是害怕并非逃避的理由。未来充满无数的可能性，你不知道下一刻会发生什么。失去的前提是得到，向心仪的对象迈出一步，就算未必如愿，也能证明自己的勇气。

如何聊天才能吸引到异性

我们已经知道了该怎样解决不自信和患得患失的问题，接下来就要探讨一下，和心仪的异性聊天时要怎么聊、聊些什么。

首先，要吸引对方，就得先吸引对方的注意力。行为举止大方是基本的要求，装也得装得像。打招呼务必自信，哪怕就是一句简单的"嗨，你好！"也要展现出你的气质。这样聊天结束之后再长舒一口气，你会庆幸之前的表现为你赢得了接下来的可能。

其次，要吸引对方，也得让对方对你有了解的兴趣和欲望。适度地顺着对方的兴趣点，展现出你自己的风采。既然对方是你的男神或者女神，你对他或她一无所知是不可能的，要找到对方的一个关注点展开聊天。

比如你间接地知道了一部对方很喜欢的电视剧，这时，你就可以跟对方聊这部剧，说："《××》我也很喜欢，听说电影版也快出了，不知道电影版会不会少了很多人物和故事，会不会显得苍白。"

记住，**话题要尽可能有娱乐性。**你可以跟他聊电影，聊艺术，聊八卦，最好聊双方都感兴趣的话题，但是千万不要聊怎么修电脑。当对方说起最近有好多神剧的时候，你可以回应说："我觉得安迪完胜小包总啊。"如果两个人能聊到一起去，彼此的距离就会更近一些。

再次，任何人都会被幽默的人吸引，至少会愿意跟幽默的人交流。虽然幽默并不一定能成为你赢得异性芳心的武器，但是如果你能在适当的时候表现出适度的幽默感，那就好像给火炉里添了一捆柴，又鼓了一阵风，你们之间的火焰会烧得更旺。

但是，就像之前说的那样，幽默是一个特别需要注意分寸的东西，你可以跟你的男神或女神说"小包总为了追安迪也是拼了老命"，但是你不能在说话的时候爆粗口，因为在跟你的男神或女神初期接触的时候就这样说话，只会让对方觉得你略显粗鲁。

最后，也是非常重要的一点，引起对方的注意，甚至激活对方的好感，需要你**适当地说出自己的优点。**不要羞于表达，也不要过分自谦。虽然谦虚谨慎是一种美德，但是让你心仪的人更好地了解你的长处绝对是一件好事。也许你们喜欢的东西恰好有交集，或者当他有一天遇到类似的问题时会在第一时间想起你。

无论是哪种情况，对你都是一种肯定和鼓舞。比如在聊天的过程当中大方地说：“我这个人跟很多人不一样，很多人习惯对家人特别放松，容易发脾气，但我不，我更习惯对家人特别好。对身边的人好一些，这才真正的有意义，不是吗？”

和心仪的异性聊天时，不要放低身段，而要增强自己的自信心，**因为平等的交流才是更有效的交流。**同时要勤加练习，克服紧张情绪，敢于大胆地展现自己的魅力。放下你的顾虑，大胆去聊天吧！你要相信，所有的相识都可能是久别重逢，你要战胜自己，轻声地和对方说一句：“嘿，原来你也在这里。”

第 35 课　和领导该聊些什么

有些读者可能会说：你站着说话不腰疼，谁不知道聊天应该是快乐和放松的，但有一种聊天叫“你领导想跟你聊天”，你说我怎么放松和快乐！面对这种似乎不能不聊的情况，我们该怎么办呢？

该怎么看待“领导想跟你聊天”

想象一下这样一个场景：你在公司餐厅或单位食堂买完了午饭，端着餐盘回眸一看，全餐厅的座位都是满的，只有你们部门领导对面的椅子是空的。更要紧的是你还没来得及跟盛饭阿姨说“给我打包”，领导已经看到了你，还冲你笑了笑。你瞬间感觉到了整个世界对你的“敌意”，这个时候，你该怎么办？

如果你回一个微笑，然后转身走开，这样的话下午领导更得找你聊天，因为他想搞清楚你为什么走。如果他是那种特别喜欢给自己加戏的人，那你有可能拿不到今年的年终奖。但是，如果你热情地走过去，坐在领导对面，你又担心自己表现不好造成尴尬，而且还会让其他同事认为自己是个马屁精。好吧，现在我们来分析一下这场生死考验。

首先，我们得看一下自己畏首畏尾的原因是什么，是自己性格不好吗？不是，如果对方是你的朋友你立马就会坐过去，没座位都得挤出一个座位来。

担心自己表现不好，影响自己的前途？不会啊，**你连跟领导聊一下的勇气都没有，你还有什么前途？**就算表现不好，也不会比现在更差了吧？你能失去什么呢？

你担心同事会认为你是马屁精？也没理由，就这一次坐领导对面聊聊天，也会被同事乱传？大庭广众、问心无愧，你紧张什么呢？

好了，别想了，再想那个座位指不定真的被哪个马屁精抢走了，人家说不定等这样一个机会都等半年了。

工作时间就聊工作

现在你已经在领导对面坐了下来，那么聊点什么呢？公事还是私事？如果我们是在工作时间和领导偶遇，那么就聊些与工作有关的事情。我们应该明白一点：在职场当中，公事就是公事。在工作时间，公事和私事之间通常不会产生交集。如果领导没有主动和你聊其他的事情，你务必要和领导谈工作。这代表了一个人的基本职业操守和对工作的尊重，你的领导也会因此肯定你。

虽然是午饭时间，应该稍微放松一点，但是这也是在公司，谈谈工作不会招人讨厌，只是不要拿难题给领导添堵就好。你可以坐下来说："真是难得看到您有时间来公司餐厅吃饭，之前的项目大家都说效果特别好，您也是很辛苦啊，都没法按时来餐厅吃饭。"然后顺着这个话题，可以聊一些项目的下一步进展计划或新的目标。

关于工作的一些延展谈好了，是不是可以聊一些生活当中的事情呢？当然可以。但是要避免过分表达自己，要让领导多说话。你应该尽量做一个好的"捧哏"。所以，这个时候除非你有一个非常好的想法，否则完全可以用提问的方式让领导展开话题，他不会觉得你在吃午饭的时候来场"十万个为什么"讨厌，对于发表一些工作以外的看法这件事，他会欣然接受。领导当久了，都有主动表达意见的习惯，多给领导加戏，不会有损失的。

我们和领导最好达到这样一种状态：**在特定情境下，游走在公与私之间模糊的边界**。既能很好地交流，不至于陷入尴尬，又不谈论过分敏感的话题。

哪些事可以聊？聊到什么程度

在和领导聊天的时候，我们还应该知道哪些事可以聊，能聊到什么程度。

聊天是一个互相了解的过程。在领导面前，

我们可以适当展现自己的个性，让领导了解自己，拉近双方的关系。

我的朋友阿杰已经在他所在的公司工作了四年，做的是和统计有关的工作。他虽然对此不是十分擅长，但是仍然很努力。几年来，他和他的领导除了工作上的接触之外，私下里一直没有交往。

最近，因为部门连续很多天加班，部门领导在任务结束后请大家去家里吃饭。饭局上，领导拿出了一幅小孩的画给大家看，言语间充满自豪和淡淡的炫耀。同事们当然都纷纷夸奖起来，但说的都是“真好啊”“不错啊”之类泛泛的话，轮到阿杰的时候，他说：“没想到这么小的年纪就能把画面冷暖比例把握得那么好。”

领导眼睛一亮，说：“哟，看来你很懂艺术。”

阿杰说：“我从小就对这个感兴趣，一直在自学，平时也会关注一些当代艺术设计。”

领导问：“那你当初为什么不应聘公司的设计部门？”

阿杰说：“因为我在大学里读的不是这个专业，所以没法应聘这种职位。”

聚会之后不久，公司的设计部门找到了阿杰，让他帮忙做一组视觉形象设计。阿杰很好地完成了工作，领导非常满意，并且破格将他调往设计部门担任一个项目的负责人。那天晚上聚会时的交谈让领导发现了一个全新的下属。这就是在聊天中展示自己所带来的好处。

适当的展示可以，但千万不要炫技。三杯两盏淡酒下肚，千万不要就此打算跟领导掏心掏肺！一定要和领导保持距离，不要过分亲密，适可而止。聊得尽兴并不意味着所有的事情都可以轻易地说出来，即使对亲密的朋友也要有明确的界限，更何况对方是自己的领导呢！每个人对同一件事情接受的程度都不一样，分寸感也不一样。

小洁曾经遇到了一个对她特别好的女领导，在一个非常偶然的场合，她和这位领导聊起自己一段失败的感情经历。她的领导听完之后非但没有安慰她，反而对她说："不好意思，我完全没有做好准备听你的这个秘密。"

在那以后的相处中，她们的关系变得非常尴尬，直到现在，她都很后悔当时对领导说了这么隐私的事情。领导不是家人，工作环境里的任何人都不是。你真的不能指望着别人像家人一样包容你所有的缺点和黑历史。

这顿午饭你可能跟领导聊了新项目良好的市场反应，展示了自己还有新技能尚未解锁，领导也吃得挺开心，说得挺尽兴。但是，这顿饭吃完了，话也说完了，接下来不要把闲聊建立起的舒适关系带入到工作中。

我认识一些公司的高级管理者，通过和他们交流，发现他们通常都非常喜欢和下属聊天，但是聊天的前提是下属的工作完成得很好。有一个在外企工作了十几年的高管曾经对我说："我不会因为你跟我聊了私事就对你另眼相看，从而做出伤害到团队的公平性甚至是伤害到公司利益的事情或决定。"

领导就是领导，既不是闺密，也不是兄弟。

如果领导主动聊私事

大部分领导为了维护工作中的权威形象，是不会主动与下属讲起自己的私事的。但总有例外的时候，这时我们要遵循两个原则：第一，对无关紧要的内容以倾听为主，不要过多追问；第二，对关乎领导隐私的内容，要及时巧妙地转移话题。

还记得《穿普拉达的女王》里那个桥段吗？安迪去给米兰达送衣服和书稿，然后被双胞胎骗上楼，结果无意间撞到了米兰达和丈夫的争吵，安迪吓得把书放在楼梯口就跑了。结果就是第二天不可能完成的任务一个接一个来了，比如需要在 4 个小时之内弄到《哈利·波特》的未出版手稿。

在这种事情上，阿楠真的是经验丰富。他就曾经在洗手间中无意撞到了领导和家人正在通电话，当时他领导和家人吵得很厉害。挂了电话之后，一出隔间，看到阿楠在洗手台边，领导对他摇了摇头："家里的事嘛，你懂的。"他这时候一脸疑惑地看着老板："老板，我刚进来，您这是……有什么指示吗？"

其实，如果领导真的想跟你聊，你可以在**简单回应之后再把话题转移走**。比如领导说："家里的事嘛，你懂的。"

你完全可以说："是啊，家家有本难念的经。您工作这么忙，还要照顾好家里，真的很辛苦。同事们都说，这个项目能得到这么好的效果，都是因为您牺牲了很多陪家人的时间啊。您放心，接下来我们肯定会更有经验，能做得更好，您也不用那么辛苦了。要不要我去给您倒一杯咖啡？”

接下来，一起往休息间走的时候，你们聊聊新项目、喝喝咖啡、聊聊今天在停车场看到的新鲜事都可以。短短几句，你给予了领导适当的安慰和赞美，表达了自己的决心和能力，再通过一点小小的闲聊，创造了一个轻松温馨的氛围。这种情况你完全掌控住了，领导绝对会记住你，甚至会给你更多的机会。

当你偶遇领导的时候，既不要绕着走，也不要勉强地打个招呼敷衍了事。不论在何种情况下，跟领导聊天都是对自己有益的事情，重要的是把握住那个“度”。掌握了适度的原则，加上顺其自然的态度，你的职业生涯就会多多加分。

第 36 课　如何与客户聊天

我是一个喜欢固定的生活圈子和生活方式的人。比如，我常去一家理发店，喜欢去那里不是因为理发师剪得有多好，而是因为他很会聊天，他有很多无伤隐私但是又很有意思的故事，去他那里不仅仅是剪头，是因为在一个老朋友那里坐一会儿，会感觉很放松。

会聊天的人更容易搞定客户

我之前的健身教练也很有意思，我从他那里购买课程不是因为他肌肉有多发达，给学员上课的时候多专业，而是因为他从来不推销课程。他只是很热情地跟每一个人打招呼，然后跟所有来健身的人都像老朋友一样聊天。

比如，我在练某些器械的时候，他会走到我身边，稍稍纠正一下动作之后，然后就会说："这两天下雨，你在门口不好停车吧？""你这两天都是晚上来锻炼，学校期末是不是特别忙？"

当我想要提高锻炼效果的时候，自然而然会来找他上课，我内心的想法是：都是这个健身中心的教练，水平能有多大差别呢？**重点是找一个熟悉的人，能跟你说说话，这样上课才不无聊。**作为一个教别人说话的人，我从不厌倦说话。在不把说话当成工作和研究对象的时候，我依然很享受跟合适的人聊天时的那种放松。

当我们逛书店时，特别是在机场的某些连锁书店通常会有这样的经验：摆在门口最显眼位置的书架上的，永远都少不了类似于《谈判就是搞定人》《销售就是卖故事》这种话题性强的书。

而在所有关于营销的技巧中，很重要的一点就是谈话之道，也就是如何跟客户沟通。这本书不是做营销的，而是研究聊天的，所以这里讲的不是如何做好营销，而是想探讨一下如何跟客户聊天。

让客户接受服务时充满喜悦

首先我们要明确一点，什么是客户？我认为**客户就是有需要的人，**他要从某些人那里得到服务。如果你是一个销售人员，买家就是你的客户；如果你是服务的提供者，服务的使用者就是你的客户。从狭义上来讲，我们和客户是生意关系。但从广义上来讲，我们和客户之间还应该是互利共赢的合作关系。

我们要想让客户满意，除了提供必要的服务，还应该**让客户在享受服务的过程中充满喜悦，并且乐意从我们这里再次接受服务**。因此，要和客户打好交道，首先要从最基本的沟通开始，而聊天是沟通的第一步。

网络购物的发展，其实已经使得普通商品的购买少了很多日常交流了。但是有时候人们还是喜欢调戏一下客服，也期望碰到一个会调戏自己的客服。那些所谓的某宝客服神回复传播得有多广？比如：

顾客：“亲，这水怎么拧开啊？”

客服：“正常拧开啊，亲！”

顾客：“我拧了一天也没拧开啊，亲！”

客服：“那你缺一个男朋友啊，亲！”

顾客：“我是男的啊，亲！”

客服：“那看来你是真的缺一个男朋友啊，亲！”

除了这些渠道，那些需要反复沟通的大生意还有很多的体验式服务，还是需要面对面甚至是多次面对面沟通的，除了具体的服务体验，当然也少不了好的交流体验！

怎样做才能和客户“聊得来”

首先，在中国的传统文化里，**想做买卖，要先做人**。也就是说，**达成交易的前提是彼此有缘分、有情分，然后有信任度**。如果说做成一单生意总共要花 50 个小时，那么其中的 45 个小时都是用于闲聊的。

我的朋友小威在保险公司工作。他很会唬人，能说会道，长了一张阳光少年的脸，对人举止得体又很有礼貌，客户对他的第一印象很不错。

有一次小威去拜访一个新客户。一句简单的“您好”之后，他坐下就介绍自己公司的保险产品。客户还算耐心地听完之后说：“好了好了，我知道了，那今天先这样，改天再聊吧。”这分明就是逐客令。

小威知趣地离开了，但是从这之后，他每次打电话想约客户见面都不顺利，被各种理由搪塞过去。小威如何都想不明白这到底是怎么回事。站在小威的角度会觉得很可惜，但是如果把自己置于客户的角度：一个购买保险的客户，等着销售来拜访自己，难道这时候需要的是推销和介绍商品？难道不是你对我的了解和沟通吗？难道不是因为你对我充分了解之后给我提供的一个有效方案吗？小威之所以没有和客户建立好关系，就是因为**太过仓促**。

其次，**好的开始是成功的一半**。开场白的好坏决定了一次见面是否成功。理性的概念和内在的目的要想被人接受，都得包裹一件感性的外衣。一上来就直奔主题，从来不是一个好办法，这一点在很多场合都适用。比如，中国的建筑很多时候都是这个样子的：漂亮的四合院，进门得有个影壁墙，就是为了不让人一下就看清全部，不吉利也不好看。想要获得一个人的认可，最好找到和他相关、相通、相似之处，比如，你们有一个共同的朋友。

吃了一次亏之后，小威在拜访客户之前都会做足功课，首先会和客户圈子里的朋友达成一种良好的互动关系，然后在拜访客户时，不经意地点出这一点。通常来说，有这一层关系的加持，客户都会提高对你的信任度，慢慢接受你进入了他的朋友圈，愿意听你多说几句。

再次，建立有效的联系是很有必要的，如何在短时间内消除彼此的隔阂是关键所在。“套近乎”可以理解接受，但是“自来熟”并不一定合适。跟中介打过交道的朋友都有这个经验，只要你在一个门店留过联系电话，就会经常接到各种跟买房、装修有关的电话。

比如这种情况，一个粗犷的男声上来就说：“张哥，你好啊！你在上海花园的房子要卖不？”

我一愣：“您是？”

对方说：“哥啊，我是 ×× 装修公司的小董啊，听你二姑的邻居的弟弟说，你想要卖房子是吧？”

我说：“卖了我住哪儿？还有，谁是你哥啊！”

这种套近乎就可以归入令人讨厌的范畴了。

也许你会说，那电话里这种推销也没办法啊，客户没时间听你瞎唠叨，能聊什么呢？但我认为至少还是应该表现出良好的职业素养，还是叫对方先生或女士比较合适吧，关怀地问候一句：“张先生，您好，很久没有联系了，之前您购买的上海花园的房子住得还满意吗？您目前是否有置换的打算呢？”

和客户达成初步接触后，该聊些什么

首先，要**区分不同对象选择合适的话题**。如果你的客户是女性，我的建议是可以聊些日常生活和热门八卦。请注意这并不是性别歧视，而是我们的社会分工毕竟不同，男性和女性关注的点也不同。

我的一个女性朋友静静是4S店的金牌销售，她的秘诀就在于对不同的客户区别对待，也就是俗话说的“看人下菜碟”。如果遇到的是女顾客，静静就会先把对方的皮肤、身材夸一遍。当对方看向她的眼神变得柔软之后，她再和顾客聊聊时尚和育儿等话题。一旦打开了话匣子，就能和对方聊得特别愉快。

对男性来说，一些时政新闻或者对行业的独到见解是很好的切入点。比如“马云在数博会上怒怼某某某”或者“前几天王健林那个视频”，然后可以发表一些自己的看法。当然，这里要发挥我们之前提到过的技巧，那就是引起对方的兴趣，然后配合对方发表观点，而不要一味地表达。这样聊上几句之后，你和客户之间的关系就会拉近。

对于那些属于高层决策者的客户，我们则要注意“修炼内功”。不但要能充分表现出你的优势，最好还要加上和同类产品尽量公正客观的对比分析，最后把选择权交到客户的手上。不要说“我们的产品最好，选我们的就对了”这样的话，如果你的东西足够好，对方自然看得到，而我们做出选择的理由从来都不是因为这个东西有多好，而是合不合适。

当然，和客户聊天的时候要足够真诚。就像静静，当她夸赞客户的时候，一定会让人感到是发自内心的夸赞。同样是夸皮肤、夸身材，静静就比同事要真诚得多。比如说，静静的同事学着她的样子对来看车的女客户说：“王姐，你的皮肤真好。”这话听起来也并没有什么不妥，但是没有比较就没有伤害。同样的话静静会说："王姐一看就是先天皮肤好，平时又会保养的人。"对比两者，高下立判。

关于和客户聊天的理论，我们能看到很多，这里面没有什么高深莫测的学问。但是道理大家都懂，有人却还是过不好这一生。聊天的时候，**关键就是要足够真诚。**

当你用心去和人交谈，对方就能感觉到你是朋友，而不只是一个想从自己身上赚钱的人。如果有一天，一个你曾经拜访过的客户或者打过交道的顾客在想到某种东西时，第一个想到的是你，你就成功了。

第 37 课 如何与不爱说话的人闲聊

在生活中，我们可能偶尔会遇到一些非常“闷”的人。无论是一群人的聚会还是两个人偶然相遇，他都是那个不爱开口说话的人。他们从不会主动和你聊天，别人聊得兴高采烈的时候，他们也只是在一旁安静地听着。遇到这样的不爱说话的人，难免会让人想起五月天的歌词：“最怕空气突然安静。”

尤其是跟他独处的时候，你甚至可以听到自己的心跳声。这样的气氛，无论怎样都很难说是愉快和谐的。因此，怎样和话少的人聊天，也是一个我们需要讨论的问题。你也许会说，我们找健谈的人闲聊好了，但是有时候你很难挑选聊天对象。如果有一天你确实面对着这样一个人，你该怎么做呢?

在我看来，“不爱说话”的人整体上可以分为两种：一种是单纯地不想说话的人，还有一种是明明想说话却不知道怎样表达的人。

不想说话可能是没找对话题

对于那些单纯不想说话的人，有可能是因为聊天的话题让他感觉很无聊，也有可能是某个场合让他的心情受到影响，还有可能是对所有聊天都毫无兴趣。

如果你遇到的情况是话题不对路，就要**想办法找到对方感兴趣的话题**。我单位有一个同事就属于那种不太健谈的人，有一次我们一起出差，为了缓解旅途的烦闷，我一直在闲扯，但是无论说什么，他都回答“嗯”“啊”“是啊”“好的”，几乎让我有一种对着话筒录音的错觉。

在出差途中，有一次打车回酒店，车里正在放周杰伦的歌儿，我发现看似腼腆的他竟然会跟着哼哼。于是在回程的路上，我试着开始从周杰伦的演唱会谈起。

“最近，周杰伦在南京的演唱会门票好难抢哦。”

他立刻两眼放光，问我：“你也喜欢杰伦吗？”

“是啊，就是不知道从什么时候开始，杰伦都属于暴露年龄系列了。”

“那你买到票了没？”

“就是抢不到啊！”

“得提前上 ×× 网站订，你下一个 APP 挺方便的。我买了两张

680 块钱的票，打算和女朋友一起去。”

那天，我们从聊周杰伦开始，一路上聊了很多，之后关系也非常好。

摆脱三种聊天困境的方法

如果遇到的是因为场合不想说话的人，就要**适当地表达关心，不要强迫他们开口**。这个时候，简单的陪伴比聊天更能抚慰对方，气氛也不会显得尴尬。比如对方刚刚失恋，或是亲人生病了，本来心情就很沉重，根本没法强打精神和人聊天。这是人之常情，我们要充分理解。陪伴就好，不要打扰。甚至有的时候给人家安静的、私人的空间，才是最大的尊重。

同样，那些对一切聊天都毫无兴趣的人，我觉得也要留给对方一个安静的角落。这虽然是一种比较极端的情况，但是我们必须承认，每个人都有自己的内心世界，我从不认为把所有人都拉到同一个轨道上是一件好事。

对于那些想说话却不知道该怎样表达的人，我们要采用一些积极的方法引导他们说话。可以聊轻松一些的话题，让氛围显得舒适。我在二次元里有一个很要好的朋友，是个女孩。她在网络上特别萌，但是在生活中特别闷。跟她吃饭的时候，她除了偶尔傻笑一下，从头到尾不怎么说话。

我跟她开玩笑说：“你是不是特崇拜霍金，最好跟人说话的时候用手指敲敲就好。”

她跟我说："没有表情包，我怎么说话啊？好吧，我不是一个不喜欢说话的人，但是我特别害怕说得不准确，让别人误会。而我越是这么想，就越容易出现错误，这种事情发生得多了，我就不太爱说话了。但在网络上就不会啊，说错了话可以撤回，实在不能撤回就道歉，道歉的时候卖卖萌，重说就好了。"

听到她这样说，我就鼓励她大胆地去用真正的语言说话，不要依靠表情包，也不要用动图。她需要的其实仅仅是鼓励和勇气。

还有些人之所以不说话，是因为感觉自己无法插话，这时你就要把话题引到对方身上，给予对方充分的肯定。有一次，小威参加大学同学聚会，席间，同学们侃侃而谈，因为大部分同学从事的是本专业，理工科，只有小威转到金融和保险了。所以，当大家不约而同地谈行业信息的时候，小威根本插不进去嘴，只好尴尬地听着，偶尔低头玩会儿手机。

聚会的组织者，也就是他们班长发现了小威的尴尬处境，于是问道："小威，几年不见，听说你保险做得不错，注册会计师也考过了。"

还没等小威回答，旁边的几个同学纷纷转过头来夸赞："哇！小威这么厉害，快传授传授经验！"

小威之前的尴尬一扫而空，话匣子也打开了，开始向同学们介绍起了自己行业的一些特点和故事，气氛也变得活跃了起来。

所以说，有时候不爱说话就像一个瓶颈，找到了话题就相当于突破了这个瓶颈。帮助不爱说话的人打开话匣子，不但能让他们一吐为快，有时还能收获一些意想不到的知识和友情，因此也就相当于帮助了我们自己。

剑走偏锋的聊天术

有一种能够帮助我们与不爱说话的人聊天的“偏方”，那就是与他们争论。可能有的朋友会说，和这种不爱说话的人争论很无趣。还有人说，刚刚不是说了要鼓励吗，怎么又要争论？其实，争论绝不等于吵架或贬低，而是通过反复沟通来共同确认一个事实，并在这个过程中达到交流的目的。

小洁有一个朋友，就叫他老周吧。老周工作多年，不善言辞，总是埋头苦干。和他一个小组工作的同事总是感觉喜忧参半，喜的是只要有了老周，自己就能轻松很多，因为老周有经验又勤劳，让全组都跟着受益；忧的是老周的话实在是太少了，不管问他什么，他都只是“嗯”“啊”“哦”的，严重影响团队交流。

后来，还是小洁治好了老周的“失语症”。因为他业务熟练，很少有人会挑他的错，但是小洁这种愣头青女汉子不管这一套，总是给老周“找麻烦”：“周老师，这个是不是不对啊？”“周老师，我觉得这个问题好像不能确定呢。”开始的时候老周还是不声不响，可是后来总被挑错，就忍不住和小洁争论起来。

起初是他们两个人争，后来是全组一起讨论，到了这个项目结束的时候，不但在讨论业务的时候老周会参与，平时的闲聊老周也会跟着一起说上几句，团队氛围变得更和谐了。之所以说这个办法是“偏方”，是因为使用的时候要注意，争论也是需要技巧的，善意的争论能引人说话，而**过分的争辩则会让人感觉受到了冒犯。**

遇到不爱说话的人，要摆好心态

前面已经把技巧介绍完毕，和不爱说话的人说话，我觉得并不困难。只是我们要记得反思一下自己的几种心态。

第一，我一直认为世界越多元，生活越丰富。聊天是很重要，但是不爱聊天一点也没有错。千万不要有看不上不爱聊天的人这种心理，觉得这个人闷，真没劲。你怎么知道他不是闷油瓶，心里藏着故事，身后背着神剑，随时斩妖除魔呢?

也不要觉得不爱说话不好，我得拯救他于水火！我得引导他、开导他，让他的生命充满活力。可是，当你有了这种“圣母心”的时候，你就已经走向了聊天的反面了，因为**这会使得你们的关系不平等，心态也不平等。**

第二，不要着急，你不能指望看了这部分内容就可以扭转很多人多年的习惯。你可以点亮身边那些闷油瓶。不要急。套用一句名言就是:“爱说话的人原因都一样，不爱说话的人各有各的原因。”

你要慢慢地了解人家，慢慢地找到合适的方法，不要因为一次不成功就彻底放弃。这次说了一句话，下次争取两次，再下次争取三次。只要你抱有不灰心、不抱怨的心理，那就坚持一下。即便不能促成他的改变，起码锻炼了你的真心。

第 38 课　和话多的人如何聊天

你以为不爱说话的人难相处？其实话太多的人更加难以应付。这节就来谈谈与上节完全相反的场景：如何跟话多的人聊天。

“话痨”既烦人又可爱

话特别多的人还有一个名字：话痨。跟他们聊天的时候，大家的心里都藏着一句“shut up（闭嘴）”想说，没说是因为不知道什么时候说合适，因为插不进去嘴。这种话痨的典型代表你们可能都知道，比如《大话西游》里的唐僧，《尖峰时刻》里的卡特，还有《怪物史莱克》里的驴子。

然后你们会发现，话痨有讨厌的一面——啰唆的人真是烦！在《大话西游》一开篇，孙悟空就因为唐僧话痨想要干掉他。但是话痨其实也有可爱的一面，这就是为什么很多好莱坞的喜剧片或者动画片里常常得有一个话痨角色，除了前面说过的，还有《冰河世纪》里的松鼠希德，《马达加斯加》里的斑马，《狮子王》里的丁满和彭彭……

因此，话痨不是错误，更不是罪过，我们还是要想办法妥善地让聊天得以继续，或者起码让聊天能够体面地结束。记住这些经典人物，下面还会提到。

如何应对四类“话痨”

先试着把“话痨”的人加以细分，这些人大致可以被分成 4 类。

第一种是驴子型，也就是我们常说的“直肠子”“一根筋”，这类人经常被我们亲切地赞许为“说话不过脑子”或者“心直口快”，他们说话之前通常不会先思考一下，把自己想要表达的意思提炼出来，而是想到什么就说什么。话说得不少，包含的信息却不清晰，甚至十分混乱。

听这种“驴子型”话痨说话时，你要么保持足够的耐心，随便挑一个你感兴趣的点聊下去，要么就利用我们之前学习过的提问法，在他说到某一件事时打断他。这种打断并不是简单粗暴地说“你别说了”，而是用提问的方式把对话带到你掌控的节奏中。

对于这类朋友来说，他们几乎不会在意被你打断，而是会愉快地回答你的问题。只是你要注意，当他再开口时，可能仍然会语无伦次、条理不清，所以你要时刻保持警惕，带稳节奏。

第二种人和我们上一节中提到的话少的朋友有相似之处，有些人因为紧张而话少，有些人因为紧张而话多。我叫他们**“丁满型”**。他们的心理状态通常是：坏了坏了，刚才那句说得不合适，我得再解释解释。哎呀，这句好像又没解释明白，千万别误会了啊。没关系，可以补救，我再多说两句。

在这种执念下，他们可能会一直说下去。对于这类人，我们要及时表示理解了对方的意思，并且加以回应。要让对方知道，我们并不纠结于他所说的话，也不会因为他自以为的“没解释清楚”而感到困扰。告诉他没事不要太紧张、太着急，适时让他放松一下。

第三种人是爱表现的人，我叫他们**“斑马型”**。和前两种相比，这种人就有些让人苦恼了。他们既不如“直肠子”那样讨喜和憨厚，也完全不是因为紧张而语无伦次，相反，他们是处心积虑地话多。用俗话来说，这些人就是“爱现”。他们通常会抓住一切机会来表现自己，或者展现自己知识丰富，或者卖弄自己所谓的“幽默”。尤其让人不舒服的一点是，他们总会在表现完之后用一种期待的眼神看着你，仿佛在说：“此处应有掌声。”他们需要被人赞扬：“啊，你真博学！”“哈哈哈哈哈，你真幽默！”对于这种人，如果条件允许，请用之前讲过的“如何结束一段聊天”里的技巧，尽量不着痕迹地脱离战场。

如果你所处的场合不允许你拂袖而去，那就先忍受第一轮轰炸吧。请注意，不要转移话题，也不要提出新话题，请让对方尽情地讲下去。

你只需要重复表示赞同就行了，同时在心里牢记，下次参加活动，再也不跟该人士聊就好了。

最后一种是喜欢倾诉的人，我叫他们**“松鼠型”**。这并不是一个严格意义上的分类，确切地说，我们在某一时刻都可能成为这样的人。

当我们遇到了一些难以自行解决的问题时，心里会十分苦闷，在面对一个知心朋友时，心里满溢的情绪就可能会像决堤一样，倾泻出来。你或许从来都没有意识到自己那么能说，但是你停不下来，直到心里的话都说出来，你将在一瞬间感觉世界渺小、内心空虚，再也说不出话来。

如果有一天，你的朋友像这样对你，那么你要知道，是**因为你给了他安全感。**听他说说吧，你只需要静静地听。他也许根本不需要你帮助他解决什么问题，只是倾诉而已。不要打断他，也不要出主意，除非他提出了这样的要求。总之，做一个倾听者，这样就很好。

不要让自己变成别人眼里的“话痨”

我们除了要学会应对以上几种人，还要时刻警醒自己：尽量不要成为一个话太多的人。驴子型“话语中心主义”，其实不容易被尊重；丁满型“自我中心主义”，内心戏太多，嘴上还不利索，聊天会比较吃力，也不是很招人待见；斑马型不用说了，自以为是的人到哪儿都容易招黑，聊一次就能被看穿；松鼠型是特殊情况，天天跟人家倾诉，如果你不是某些电视台情感节目的专业群演，我只能怀疑你是不是祥林嫂转世。

在一场聊天中，话语权总体来说应该是平均的。“平均”不是指时长或字数一样，而是说聊天的双方或多方都能够在有限的单位时间内合理充分地表达自我。如果话语权总是掌握在一个人手中，那么其他人很快就会丧失继续聊下去的兴趣，只想快点结束。如果有人开始煎熬了，那么聊天也就失败了。

驴子型的话痨，请你多注意和别人交流状态，不要只顾自己。

丁满型的话痨则相反，不要太纠结别人的状态，如果的确总是紧张，词不达意，那就把高考语文模拟卷多做几遍，训练自己的总结能力；同时，就像我们的节目里一直说的那样，多开口，多锻炼，克服这种表达困难。

如果你是斑马型的，意识到了自己的问题，那就调整心态，记住，廉价的赞美比廉价的粉底更容易暴露你的“底色”，就算你的表达欲望过剩，也要掐一把大腿，让自己冷静冷静。每当有这种冲动浮上心头的时候，问自己一句“这句该说不该说？”，然后你马上回答自己“不该说”就好了。

至于松鼠型的，我觉得也要注意倾诉的方式和对象，任何人都没有义务听你宣泄自己的负能量，倾诉可以，千万不要倾倒。

学会区分“话痨”的类型，分别采取不同的对待方式，让聊天得以进行下去，或者起码体面地告一段落，同时内心要充满希望：话痨终究是很少的。

第 39 课　如何与下属闲聊

没吃过猪肉，但起码看过猪跑。现实主义的戏剧和影视作品告诉我们，领导说话是这样的：“小王，去把今天的报纸给我拿来。”“小张，帮我给赵总打电话，务必约他下午在四季大堂碰面谈一下合作的事。我说的是‘务必’，听到没有？”“小赵，我要的是凯撒沙拉，你看看你给我买的是什么，啊？连订餐都订不好，还谈什么工作？××项目，你就别参与了！”

对下属呼来喝去已经是过去式

不知道这种发号施令式的语句大家有没有印象，相信读者中一定有人有过类似的经历，甚至现在依然生活在这样的水深火热中。这是传统企业里或者公务员序列中论资排辈的典型情景，领导和下属之间等级森严，界限分明。当领导的官威十足，对下属从来都是一副命令的口气。

轰隆隆好几声炮响，互联网时代来了。公司内部虽然还有等级之分，但是**越来越趋向于扁平化，**茶水间和咖啡间的存在也让“打开水”这种工作变得越来越少见。在这样的时代背景下，如果我们自己创业做了老板，或者成了团队的领导者，该怎样和下属沟通呢？

要知道，现在最难的就是那些创业的领导，据说一看到财务发来的邮件就肝颤，一听下属说“领导，我有事想找您谈谈”就揪心，生怕下属动不动就辞职。是啊，对下属呼来喝去的时代已经一去不复返了。

关于聊天，好领导需要知道的三件事

无论是老板和员工，还是经理和副经理，只要存在上下级关系，就会像所有阶级之间一样，存在天然的对立。要想当一个好老板、好领导，就要学会缓和这种紧张关系。

首先，你应该更主动一些。

在工作中，没人会反对你当一个铁面无私的领导者，因为这是对工作的尊重。但是在工作以外，就不要总是一副公事公办的样子，而是要和下属多交流。闲聊无疑是个很好的途径。要知道，你的下属平时和你说话时，十有八九无法表现出他的真实性格。因为你毕竟是领导，他可能对你心怀畏惧或者有抵触心理。

在这种心理的影响下，下属要么会猜你的心思，挑你爱听的说；要么总是憋着，不敢表露真实想法。在戏剧中有一个说法，如果想体现一个人物的真实性格，就必须让他有压力。压力越大，选择就越难，体现出来的性格也就越真实。但在实际生活中，有时候是相反的，越放松，在你面前体现出来的性格就越真实。所以，与其等着下属主动，不如你先行动。

其次，在和下属聊天的时候，可以多聊一些与工作无关的家长里短。

谈工作，尽量在工作的 8 个小时以内；非工作时间，就给人家一点空间，想想酒和姑娘，诗和远方吧。举个例子，你的下属可能有些有意思的随身物品或者工位上的摆件，你可以问问是从哪里买的——但是要注意语气，不要搞得像索贿。

还可以从家庭关系入手，聊些家长里短，会一下子拉近彼此的距离。比如："你家小孩也上小学了吧？我总是觉得小孩太辛苦，但是还想让他读课外班。真是纠结啊。"你看，你一下子就成了和下属一样颇有些烦恼的家长。在这个层面，你们是平等的，这会让下属对你放松戒备，从而更容易沟通感情。

除了唠家常，还可以多多夸赞下属。"你新剪的发型真好看""这件衣服真漂亮"，这种与工作无关的夸赞多多益善，而且不要流于表面，而是要让下属感觉到你是出自真心的。

因为关于工作成绩的夸赞难免会有带有一些功利因素，对方或许会想"领导是真的夸我还是有其他意思"。**对日常所见的夸赞就不会引发这种担心，**还可以自然而然地展开聊天，让双方都轻松愉快。

但是也要注意，聊家长里短也好，夸赞异性下属也好，都要适可而止，你可以探讨一点共同的烦恼，可以说出一句随意的赞叹，但是不要让人觉得你在打探隐私，甚至是刻意骚扰。

最后，在和下属交流时，要尽量避免长篇大论。和下属聊天是为了沟通，不是为了自说自话，所以不要在闲聊的时候拿出领导的架子。

闲聊的时候，就多谈论生活当中的事情。也许在工作上出类拔萃使得你成为领导，但是在生活中未必。不要觉得你什么都知道，给下属一些当老师的机会。下属说："我觉得现在的小孩子真聪明，我儿子才七岁，用 iPad 比我用得顺手！"

他说完了之后，你清清嗓子，说："美国有一个科学统计，孩子在七岁前接触太多电子产品，会引起大脑的退化，抑制孩子的想象力和感受力。容易造成孩子脾气暴躁、注意力低下、视力下降，等等。听我的，千万不要给孩子玩 iPad 这种东西，手机就更不行了！我大姐他们家那个孩子就是，才三年级，一到家就开始玩我大姐的手机，天天为这个事吵。要我说啊……"

下属全都认真地在那儿听着。且不说你说的是不是符合实际科学研究，就算是，也得换一个思路说才算是聊天："是啊，现在的孩子真是不得了，我大姐家孩子一放学回家就想玩手机，没少为这个事吵架。我倒是挺想听听你是怎么管理你儿子的，你让他玩这些东西有什么限制吗？"

适时扮演一下倾听者的角色

适时扮演一下倾听者的角色，引导下属多说话，激发下属说话的意愿，这样会更好。我们在前面说过，如果下属总是在揣测你的心思，一味地说你想听的、爱听的，恐怕你除了拍马屁之外什么都听不到。要做一个让下属觉得亲切的人，让他在面对你的时候不是只有畏惧感，而是也想和你说说心里话。能做到这一点，才能称得上是一个好领导。

有些时候，下属说话时可能还会不由自主地带有一些抱怨，这些抱怨如果跟你有关系，请不要摆出领导的身份急于辩解，而是要多听听，这是了解下属心思的好机会。

比如，下属说："昨天早上下暴雨，我怕路上不好走会迟到，很早就出门赶车，一整天都很累。"从这句话中，你可以了解到这些信息：下属因为担心迟到而早起，十分尽责；因为早起和路上的行程，加重了下属的负担。该如何解决呢？你或许可以考虑，如果天气恶劣，是否能够酌情调整出勤时间，让下属保持更好的身心状态。

平衡好工作和生活

作为领导，你的主要工作一定是带领团队取得好成绩。但是要注意平衡工作和生活的关系，才能让下属以更积极的心态处事。

在工作中，你是一个十分严肃的人，那么如果在生活中，你能做到适度地幽默，这种反差将会带来独特的效果。有一个新词是专门形容这一现象的，名叫“反差萌”。比如，这天你看到下属总是跑到咖啡间里去喝咖啡，你问他怎么了，他说：“啊，昨天晚上追剧追到很晚。”如果你说“这样不好！不好好休息，影响工作！”类似的话，这个下属可能都不敢和你说实话了。

本来高高兴兴地和领导聊天，最后弄得自己挨批评，还担心会给领导留下不好的印象。所以，你可以这么说：“唉，黑夜给了你黑色的眼圈儿，你却用它来跟我聊天儿！看的什么剧？有资源吗？”这样一来，既提醒了对方，又让聊天愉快地继续下去了。

作为一个领导者，带领队伍确实不容易，能够和下属敞开心扉尽情聊天固然是好事，但还得注意不要过于亲近而影响到正常工作，这个度真是不好拿捏。比如，你亲民的做派可能让下属觉得你特别好说话，于是就肆无忌惮起来，或者不服从工作安排，甚至随便开你的玩笑，这样都不是合理的工作关系。

在学校里，我的学生也可以跟我开玩笑。在电梯里碰到的时候对我说：“张老师你又胖了！”但是，绝不能让学生跟老师称兄道弟、勾肩搭背。

所以，和下属聊天的时候，如果下属说了不合适的话，你要**及时以委婉但坚定的言辞提醒对方，让对方给你足够的尊重**。是的，即使是在日常工作中，如果下属犯了错误，你也要摆正身份。和下属闲聊本来就是为了让好的关系促进工作，而不是让工作受到好的关系的拖累。

第 40 课　如何与社会地位高的人闲聊

因为录《易中天中华史》，我有机会近距离跟易老师吃饭聊天。作为易老师的粉丝，我还没疯狂到扑过去要签名的程度。我觉得易老师既有知识分子的深沉思考，又有特别豁达豪放、幽默真诚的生活态度。

见易老师之前，我略微有点紧张。一起吃饭的时候，我不经意地谈起："您天天写书，也没时间带小外孙女吧？"

易老师说："是啊，但是有时间我还是会多带她去玩。她现在在上海读书嘛，离我又不远！"

"原来您外孙女在上海上学啊？她上的是哪所学校啊？"

"就在浦东的 ×× 学校！"

"真的？那跟我儿子在一个学校，就是不在同一个校区。"

接着，我们聊了很多关于小朋友的、教育的话题，甚至聊到了家庭和房价。我们聊得很开心，录制的一些细节讨论反倒被搁在一边了。

其实前面已经谈到了面对领导如何聊天，而领导在职场中是地位较高的人。在工作之外，我们也有可能遇到比自己社会地位高的人。

他们可能与我们并没有直接的工作关系或者利益关系，即便如此，我们也会很重视如何与他们聊天。他们的眼界、见识和谈吐，通常能带给我们意想不到的帮助，或者给我们有益的指导。与他们相识，也许还会成为我们人生的转折点。可是，与社会地位高的人聊天紧张怎么办？

如何缓解聊天时的紧张感

首先，坦然面对自己的紧张感，在聊天时做自己。面对比自己强大的个体时，我们会产生天然的敬畏心和紧张感，这是很正常的事情。

紧张感是一种本能，我们都要正视这种心理。董卿回学校交流的时候也谈起过，她做节目的时候，经常采访一些社会地位高的人——大咖，她也会感到紧张。但是她会反复地告诉自己，这些人之所以能成为大咖，是因为他们本身也具有很高的情商，是不会故意为难人的。

她还告诉自己：这种紧张感没什么，换个人也一样紧张，可能还不如我呢。我很好地表现出自己，这样就很好。

连大咖面对大咖都可能紧张，所以说这很正常。你需要做的是**接纳自己的紧张感，用积极的心理暗示避免加重紧张。**

其次，建立自己的评价体系，勇敢表达。

当你面对一个社会地位比自己高的人时，很容易否定自己，会想“是不是哪句话说得不对”“这样说会不会不合适”等。哪怕对你平时非常熟悉的事情，都会产生一丝怀疑。之所以出现这种情况，是因为你的自我评价体系发生了动摇，认为对方的社会地位比你高，因此也会比你更高明。

其实大可不必。每个人都有自己的生活经验，你坚信的未必就是错的。要从聊天里吸收对自己有益的东西，还要敢于不卑不亢地表达自己。就像《泰坦尼克号》里的一幕：杰克和露丝刚刚相识，露丝邀请他赴头等舱晚宴。那里的人非富即贵，社会地位都比杰克高。而杰克并没有觉得自己有多低微。当一位贵族女士问他：“你喜欢这种居无定所的生活吗？”他说：“是的，我喜欢，我拥有我想要的一切。世事难料，要享受生命中的每一刻。”

他的信念让他在面对贵族时表现得自信且自然，怪不得那位被嘲笑成暴发户的煤炭商老板娘会说：“孩子，你比这里的大多数人更像一个贵族。”

最后，平时要多积累，实操时保持真实、真诚。

社会地位高的人，因为所处的位置高，往往获得的见识也更多，眼界也更宽广。因此，为了能够和他们更好地交流，我们在平时也要多积累知识，让自己懂得多一些。至少，可以获得问话或对话的机会。

有些事情我们只看到了一些皮毛，了解得不如对方深刻，那就可以真诚地表达你的疑问。有些事我们觉得颇有心得，那就不妨拿出来交流一下，得到指点也好、认真讨论也罢，至少可以让一个有价值的问题得以呈现。我们要扩展自己的眼界，不要做井底之蛙，也不要不懂装懂。如果对方所说的确实超出了我们的经验范围，你就需要认真地听、虚心提问，这才是积极的态度。

和“大人物”聊天的实操指南

好了，做好了心理建设，现在咱们开始进入实际操作。

首先，知己知彼，百战不殆。如果你提前知道在一场聚会中可能会遇到某个大人物，并且你们之间可能会发生交流，那就务必先做好准备。

通常来说，这样的人都是某个领域的翘楚，因此你能够通过多种渠道了解到他擅长什么、有什么喜好。如果你恰好能联系到与他接近的人士，还能从个人的性格和小兴趣方面有更多了解。当你对对方有了充分的了解，就可以结合自己擅长的东西来做功课。

这里讨论的并不是如何钻营或者拍马屁，而是为了不扫兴，为了获得一次让双方都满意的交流体验，甚至为今后的交往或者向对方学习打下良好的基础。如果能找到共同的兴趣点，那就最好不过了。因为共同的兴趣点是聊天的突破口，你们可以直接以此作为话题。“听说您喜欢音乐剧”“听说您喜欢收藏玉器”等，只要是共同的点，就可以聊起来。我跟易老师聊天的时候，大多时候是在聊各种书。

其次，准备不足，以彼为主。

更多时候，我们都没法预知在一场聚会上或者会面中可能会遇到谁，那就可以先听听他和别人都在聊些什么，对他感兴趣的话题有一个大致的了解，随后再加入对话。如果你什么都没来得及做，就可以采取投石问路的策略。通常来说，没人会拒绝善意的询问，也不会抗拒话题围绕着自己展开，因此你可以先问，再聊。

所谓投石问路，其实就是半问半猜，比如，你在聚会上遇到了一个设计方面的翘楚，你可以说："您好，能遇到您真是很荣幸。今天的聚会布置别具一格，想必是出自您的手笔。"如果对方回答"是"，你就可以顺着对方聊下去。

如果对方回答"这不是我做的"，你也别尴尬，完全可以顺水推舟地问："感觉跟您的风格有些类似，有些地方我虽然看着好，但还是不太理解其中的妙处，比如说您看这里……"一般来说，谈到对方的专业领域时，只要让对方感到你是真诚地聊天，而不是借机窥探某些东西时，对方会很乐意和你聊聊的。

最后，一无所知，跳出圈外。

当然也有可能我们完全不了解对方所擅长的领域，这时不要为了拉近距离而贸然说一些自己不懂的话，或者提出一些自以为高深，在对方看来却是很傻的问题。试想一下，如果你是一个医学专家，一个第一次和你见面的家伙就故作深沉地和你讨论某种疾病的治疗方法，最后来了一句"为什么你和百度上说的不一样？"，我想你连打他的心都有了。

如果我们不具有能在专业领域和对方探讨的相关知识，不如和对方拉拉家常，聊些生活里的趣事。当你们说起"孩子好可爱"或者"其实养条金毛犬也不错”的时候，彼此的距离会更近一些，毕竟地位高的人士也会唠家常的。

所以，**与社会地位高的人聊天不要太卑微**。有一部很好看的电影叫《诺丁山》，推荐大家看一下。电影中茱莉娅·罗伯茨饰演的女主角是一个超级大明星，休·格兰特饰演的男主角是个离过婚的书店老板。男主带着女主去姐姐家里吃饭，当他的家人意识到这是女明星本尊时，一时间气氛很是尴尬。

大家围坐在饭桌前开始一顿家常的晚餐，几杯酒下肚，大家开始说话，气氛立即热闹了起来。地位再高的明星，本质上也是“人”，平时已经被捧得够多了，他们更愿意记住用真实情感和他们交流的人。

所以，和“大人物”聊天的时候，你至少要表现得大方。另外，无论如何，不要表现出太强的目的性。

可以理解的是，当你遇到了一个在很多方面都很耀眼的人时，会不自觉地想要借此机会扩充自己的交际圈，为今后可能的交往埋下伏笔。但你要知道，能达到一定高度的人，自然有一套看人的眼力。如果你表现得太明显，会让人觉得你并不是真诚地想要聊上几句，只不过是把人家当成向上的跳板或者进入某个圈子的敲门砖罢了，结果你很可能一无所获。

第 41 课　如何与知识渊博的人闲聊

“张博士，你知道天上有多少星星吗？”

“从严格意义上来说，我们能观测到的绝大部分星体都属于恒星，以目前人类观测到的宇宙范围推算，恒星的数量大约为 1000 亿～ 4000 亿颗。”

“啊，怪不得说星星像沙子一样多啊。”

“不，这是错误的，恒星的数量差不多是这种以石英为主要成分的物质数量的 10 倍。”

“不愧是博士。”

“不要叫我博士，你知道‘博士’这个词是哪里来的吗？汉朝我们设立了太学叫辟雍……”

和“知识分子”聊天不必有太多顾虑

像张博士这样的人虽然知识渊博，但是跟他聊天的体验相当差。每个人都是靠自己的努力才得到知识的。所以，当你面对一个学识渊博的人时，不要因为对方的身份就过度自谦，或者妄自菲薄。**知识水平有差异，并不代表你比对方低贱。**如果你过分贬低自己，反而会让人觉得不需要看得起你。

面对学识渊博的人，我们当然会充满钦佩，并且会把这种钦佩表达出来。但是这种表达应该是委婉而适度的，不要把人捧到天上。一个人如果真的具有很高的学识，而不是那种拉大旗作虎皮的假知识分子，就一定不喜欢吹捧和拍马屁。知识进入到文人的身体，三分化成了才气，七分化成了傲骨。

遇到“知道分子”怎么办

我常常觉得知识渊博的人有两种：

一种是真正的知识分子。他们像一块海绵，不停地吸收信息或适当地释放水分，他们知道什么时候应该聊家长里短，放松神经，也知道什么时候可以纵横捭阖、指点江山。

另一种是“知道分子”。很多时候，他们喜欢不停地表现，甚至现学现卖，生怕别人不知道自己才高八斗、学富五车。

无论你面对的是知进退的知识分子，还是现学现卖的知道分子，都可以试试以下这些方法：

首先，认真倾听，偶尔插话，跟上对方的节奏。

当你和学识渊博的人在一起时，在大部分时间里你要做的并且能做的都是倾听。告诉自己这是一个学习的好机会，你要好好把握。有些人会有这样的感觉：这都有什么了不起的啊，我看几本书也能懂。有这样感觉的人，对知识缺乏应有的尊重，不了解得到这些知识要付出的辛苦和努力。

更何况，在很多时候，知识的组合不是简单的 1+1=2，而是一种化学反应，知识与知识的结合有时候得出来的不仅是知识，还有可能是思想。你只有认真听，才能跟上对方。如果你想反复咀嚼也没问题，但是要确保先记下来，否则可能只是一闪念的时间，你就听不懂对方在说什么了。

除了听以外，我们还要适时地插话。可以表示赞同，也可以根据自己的理解提出问题，但是插话的时机要把握好，不要轻易打断别人。

比如，一位跨界物理学家正聊起关于量子力学的话题，如果一个人这样提问：

“老师，什么是‘测不准’原理啊？”

“测不准原理就是说我们无法同时测量粒子的位置和速度，这个测不准原理也被称为……”

“老师，什么是粒子呢？”

“这里所说的粒子指基本粒子，比如光子、电子……”

“老师，电子究竟带电吗？前几天有个民间科学家证明了电子不带电……”

就算物理学家的脾气再好也会有些不耐烦。

其次，让话题接地气，不要做太多的延展和深入。

学识渊博的人可以把知识浓缩成一个简单的公式、一个形象的比喻或者一个好玩的现象。那天我在听李淼老师录制《鸟叔开脑洞》。鸟叔的节目特别有意思，他讲宇宙大爆炸的时候就是仿佛在讲烤面包——如何不均匀、如何伸展，等等。我听了一会儿，觉得真是受益匪浅，一个天文盲瞬间被治愈了。这种大胆又恰切的深入浅出的比喻大多是这种学识渊博又精通的人才能说出来，听他们说这些东西感觉就像一边聊着天，一边就把课上了。

切记，聊天的状态是平等的

可是，你真的要一直跟这些大咖上课吗？聊天得有一个平等交流的状态，我们和学识渊博的人在某些方面的信息是不对等的，所以我们不会跟鸟叔一直谈宇宙大爆炸，我们聊聊喝咖啡的习惯、带学生的不容易、大城市的房价这些不需要多么渊博的知识，但需要生活感受的东西也挺好。有时，淡化一下“学识渊博”这个标签，找一些我们都能说的话就挺好。

说到底，**我们不怕学识渊博的人，但是我们怕自己遭到嘲笑。**

当然，学识渊博的人也不都是完人，他们同样会有寻常人的各种情绪乃至恶习，还有些人恐怕连“知道分子”都不算，就有莫名的优越感，会在别人说错了话或者表达不合自己心意的时候出口嘲讽，这时就需要我们周全应对。

有时候你可能会有这种感觉：咦？这是传说中的大师吗？怎么像小区门口水果摊的大妈？如果真的碰到这种滔滔不绝、说话夹枪带棒的人，有一个万金油的做法，那就是听他们说。对于那些只想表现自己“伟光正”的人，你就成全他们的表现欲，不必因为他们的恶语相向而否定自己；对于那些确实言之有物的人，先听他们说完，然后再解释。无论怎样，都不要急于辩白。

如果对方并不是简单地说气话，而是以恶言恶语对你进行人身攻击，你又该如何自处呢？**以彼之道还彼之身**。对方不是自诩文化人吗，那么我们也用文化来应对。对方站在门口不让路，还傲慢地说：“我是不会给没文化的人让路的。”那你就向萧伯纳学习，你先让出通道来，再认真地说：“是吗，我倒是恰恰相反。”

当然，我们也要注意区分，因为对方可能只是在开玩笑。那我们也要以玩笑的方式来化解。比如对方说：“真是的，连小狗都会回答这个问题哦。”你别介意，说：“这不是今天忘了吃狗粮了吗？”反而显得大气自信。

有时，**自嘲不但能解困，还可以用于反击**。善于自嘲，会让你在面对强者的时候也不落下风。比如，对方说到一个问题时，说：“大概今天不懂这件事的人，只有万分之一。”你就可以说：“看来我是万里挑一的那个。”

提升自己，保证肚里“有货”

我们之所以觉得和学识渊博的人在一起聊天会有压力，本质上还是因为知识水平的不对等，让我们会感到自己肚子里“没货”，觉得无话可聊。因此，我们要想办法不断提升自己，做到肚里“有货”。

首先，善于总结平时学到的知识，纵向提升自己擅长的领域。

如果你想在和学识渊博的人聊天时不至于无话可说，就要在平时多积累，遇到不懂的知识就要记录、归类和总结。这样一来，当别人说起某个话题时，你就可以有逻辑有见地地回应，而不至于语塞。当然，学习知识一定不只是为了和人聊天时有话可聊，它还会对自己产生十分积极的影响。

同时我们要懂得，知识是无限的，与其做个泛泛的“杂家”，不如深化自己的专长。有一技之长的人，更能获得他人的尊重和重视。“闻道有先后，术业有专攻”，每个人都有自己熟悉的领域，而你要坚信自己的专业知识不比任何人差。如果话题刚好和你的专长有关，就轮到你大显身手啦。

其次，提问或交流时要言之有物、言之有序。

和学识渊博的人聊天，要珍惜聊天的时间，同时说话也要有效率，不能只说“啊，老师我好崇拜你，你说的好有道理”之类的废话。要想言之有物，我们也要借鉴一些高效的方法。如果能够有章法地表达，即便知识水平有限，也会因为逻辑清晰而显得水准更高。

还记得以前老师教我们写记叙文时候的“5W”吗？这就是一个很

好的帮助形成表达链条的方法。所谓5W，就是when（时间），where（地点），who（人物），what（事件），why（原因）。也就是说，当你在描述一件事情的时候，只要把这五个方面都照顾到，就会显得更有条理。你能正确高效地表达自己，也会给对方留下一个好印象。

比如，你想聊最近去听一个讲座的事，就可以这样说："最近我发现自己对金钱很没概念，想学学理财（why），所以，上周末（when），我（who）去××大学（where）听了一堂理财公开讲座（what）。但是有一个概念我不懂，什么叫作……"

学识渊博的人是真正处于上层的人，这与权力和财富无关，社会的前进是由这些人来推动的。他们终究属于人群中的少数，因此与这些人交谈的机会并不是很多。

当我们有这样的机会和他们交谈时，就要好好把握这个机会。当你表达过深深的敬佩，克服了自卑，接下来要做的就是抓紧一切时间多学些东西。比起傻乎乎地、眼冒金星、忙不迭地表达崇拜之情，学习显得更有意义。

不过，如果你恰巧是一个学识渊博的人，我真心希望你能因为你的学识得到尊重，而不是在聊天中失败。

第 42 课　如何与思维活跃的人聊天

普通人在一起聊天，通常是有问有答、有来言有去语，一次聊天谈到的话题即便再多，往往也是有迹可循的。但是和有些人聊天就比较苦恼，因为自己和对方的脑回路似乎从来就不在一条线上。这些人的思维十分跳脱，一句话可能要拐七八个弯，前言不搭后语，让人不知所云。

难免会遇到跳跃性思维的人

还记得之前提过的小威吗？他以前说话就这种毛病。

有次，我对他说："昨天我碰见咱们以前的班主任了，嘿，她居然一眼就认出我来了。"

他说："那是因为你没怎么变吧，我最近也在考虑要不要买点保健品。"

我当时就蒙了，因为不知道"没怎么变"和"保健品"之间有什么关系。

但我仔细一琢磨就明白过来了，他的思路是这样的：你没怎么变——可好多同学中年以后都变得认不出来了——中年危机真折磨人——应该开始考虑保养身体了——要不要买点保健品呢?

乍一听他的话，会觉得思维过程的上一步和下一步之间没有明显的因果关系，仔细一想就会明白，他是通过前面所说的某件事中的某个词引发了联想，在下一步思考中又有了新的联想，于是导致最终得出的结论和起始的话题完全无关。这就是我们所说的"跳跃性思维"。

如何与思维跳跃性强的人聊天

据说，很多天才的科学家都具有跳跃性思维，但是我们通常碰上的并不是天才科学家，只是逻辑不清楚的人罢了。他只顾着自己胡乱联想，并非有意识地控制思维过程。和这种人聊天无疑很辛苦，而且非常考验人。如果我们"有幸"遇到了，又该如何应对呢?

总的来说就是，**与思维跳跃性强的人聊天应该把握好节奏。**

第一招叫听不懂拉倒。意思就是，完全无法弄清话题与话题之间的关联时，就跟随对方的节奏。

聊天本身具有随意性，因此，当你暂时摸不透对方的节奏，不知道他到底想要表达什么观点或者谈论什么主题时，干脆由着他发挥，你只需要配合就好了。这样虽然会让聊天变得散乱无章，但是好处在于不必去分析和琢磨对方的逻辑，也就不会很累。

话说回来，对方可能本来就毫无逻辑。他说的话之所以十分跳跃，可能只是因为每个话题他都想聊上几句，而他自己都不知道为什么会从一个话题毫无过渡地切换到另一个话题。

如果你还想继续这场聊天，眼下要做的不是问为什么，而是针对他所说的每个话题加以回应。如果他换话题，你就也跟着换，有些问题即便你答不上来或者不知道怎么回，他也不会在意，因为他会自己换话题的。

比如你问他："嘿，有日子没见了，最近怎么样？"

"最近我天天骑车，一天 20 公里，半个马拉松。"

"哟，真厉害，健身有效果吧？"

"可不，正打算考个证！不过上回有个骑车骑到猝死的，是个非洲兄弟。"

"哦，艺多不压身，考个证没坏处。"

"这非洲一打仗啊，油价又得涨了。"

"这年头什么不涨价啊，您这骑车不正好？"

这是完全抓不到线索的。能抓到一点线索的时候，可以主动把握节奏，**这第二招就叫趁其不备，见缝插针。**

前面说的是被动的方法，但是如果你是个不喜欢被动的人，或者对方的话题还算不上太跳跃，你就可以主动一些。通常，说话不着边际的人不会介意你打断他，或者把他之前聊过的东西再翻出来讨论一遍。说实话，他们可能都不记得自己曾经说过这个话题。

所以，如果你恰好从他说的话发现了一个一闪而过的话题，而你很想就这个话题深入地聊一聊，就可以直截了当地提出这个话题。对方可能会和你聊几句，也可能再次跑偏。这时，你可以再把他拉回来，或者寻找下一个感兴趣的话题。

比如他先开口：

“最近有人说小鲜肉拍戏都是抠图的，看来还是计算机专业比较有前途。踢足球的都不行，就会假摔。上次我一个朋友开车的时候就颠了一下，差点把牙震断半颗。这是日本进口的——结实，所以我上回去日本还背了个马桶盖回来。”

“啊，你说足球啊，今年C罗好牛啊。不过貌似他要离开皇马了。”

“是啊，C罗确实够猛，人家没光拍广告。不过你说我这头皮屑怎么就治不好呢？”

“你说他转会能去哪儿呢？要是不在西甲了，梅西会一手遮天吧？”

“是啊，那得赚多少钱啊？听说水果姐最近也要来中国开演唱会了。”

“行，下次欧洲杯的时候咱们一起看啊！”

他可以从C罗，想到C罗拍的洗发水广告，想到他自己的头皮屑，从球员的转会费想到美国巨星的天价出场费……但你可以以不变应万变啊，你就牢牢抓住足球的话题，让他这个风筝不至于飞得太远。

第三招，叫作适时打断，理顺思路。如果希望与对方达成一致或说服对方，那就要控制节奏。

如果你觉得对方是可以挽救一下的，想要尝试着和对方统一思路，把对方扳回到同一条轨道上，那么就需要费点心思了。

首先，如果对方逻辑不清，但是你能感觉到他确实是想说明白一件事，那么可以用之前提到的方式来引导，帮对方理清思路。比如一个姑娘对你说："上次我路过一家店，门口排了好长的队，几乎都是小女生。啊，现在的小女生都好漂亮，小小年纪就这么会打扮，我上学的时候都不准留辫子。我们那个教导主任真讨厌，现在想想都生气。"

这时，你可以适时打断一下："我也遇到过这样的教导主任，不过你刚才说的那家店是干吗的？"

对方可能会说："哦，对对对，我想说的是这个。那家店刚出炉的法式面包，真的好棒！我跟你说……"

其次，如果对方说得实在含混不清，你可以整理好自己的思路之后，向对方表达出来。如果对方的表述中存在漏洞，要尽量委婉地提醒对方。注意，这种表达不能拖泥带水，否则又会引出一段缠杂不清的对话。

首选的方法当然是旁敲侧击，让对方自己意识到错误。但是如果对方实在不明白，就要一针见血。要用尽可能少的话让对方有清晰的认识。然后你可以不再纠缠这个话题，趁着对方反省自己的错误时，把对方向自己期望的方向引导。

学会获取有效信息

其实，跳跃性思维不一定是某一个人的特定表现，倒有可能是我们在某些时候都会犯的毛病，那么，如何避免这种跳跃性带来的误会和信息损失呢？那就需要**提高自己在聊天中的信息接收能力。**

和思维跳跃强的人聊天固然有些烦恼，但是凡事都有两面性。换一个角度来看，我们还可以从这种聊天中锻炼自己的思维能力，提高在聊天中找到并接收有效信息的能力。

首先，我们要学会从纷繁复杂的表象中抽丝剥茧，找出对方具体想表达的内容，学会提炼重要的信息点。

一个人说的话就如同一座高架桥，他的思路就像是桥墩，每一个桥墩就是一个关键词，而桥梁通往的地方就是他要表达的中心思想。所以，在聊天时，我们要找出对方话语中的一个又一个关键词，沿着这些关键词，就能捋出对方想要表达的意思。这样一来，即便对方逻辑不清、表达含糊，我们仍然能够从中得到有用的信息。

其次，所提炼出的信息点需要联想。桥墩与桥墩的连接是靠桥面，信息点与信息点的连接就要靠联想。就之前的例子而言，里边的“桥墩”分别是：小鲜肉——前途——足球——假摔——摔断牙——日本产品——马桶盖，联想的过程就是逻辑的过程。

所以这番话翻译一下是这样的：小鲜肉现在演戏靠抠图，所以将来搞计算机工程还挺有前途的，比当球星有前途。何况，很多球星会假摔，你说他们也不怕摔坏了？上次我朋友开车颠了一下还差点摔坏了牙呢，还好他的假牙是日本进口的，质量好。说到日本的东西质量是不错，所以我上次去日本旅游我特意买了一个马桶盖……有了这些关键词的合理联想，是不是觉得他那段话顺畅多了？

最后，联想和补充信息之后，还应该及时确认。如果对方说的话漏洞太多，并且看起来没有补充的意思，那么你就要及时提问。这种提问的目的是按照你的理解，把遗漏的信息补充完整，再由对方确认想表达的是否如你所想。

如果你想对了，对话可以继续；如果你想错了，正好可以追问。这样一来，不但能让你听得更明白，还能帮对方理清思路。这种对话能够训练人发散思维的能力，如果你能经常受到这样的锻炼，那么在需要创意的头脑风暴上一定会大有进益。

第 43 课 生活习性不同的人聊天时有矛盾怎么办

有次，阿楠请他的大学同学吃豆腐脑，但是，同学刚尝了一口就吐了出来。

“这是啥啊？”

“豆腐脑啊！”

“你当我没吃过豆腐脑啊？豆腐脑不应该浇卤子吗？得是咸的啊！再不济，也得放点儿酱油和榨菜丁啥的啊！”

“豆腐脑当然是甜的啊，甜甜滑滑的，多好吃，放点冰还能解渴呢！”

“你这个异类！”

“你说啥？我再给你加勺糖，我甜死你！”

更逗的是我和阿楠一起去新疆的经历。当时接待我们的朋友特别热情，酒满上之后，马上端起酒杯说："我们新疆人特别热情，为了欢迎上海来的朋友，我们先干为敬！"阿楠看着那三个大酒盅，有点发傻。人家喝完了之后，轮到阿楠了。只见阿楠站起来，平静地说："我们上海人也是很诚实的，说喝茶就喝茶！"然后当着所有人的面，喝了三大杯天山菊花茶。

吃火锅也是这样，有几个朋友说吃火锅应该吃啥锅底，辣的对不对？阿楠说："吃清汤的吧，都是辣味你都吃不出食材本身的味道啊！"阿明说："谁要吃食材的味道，我就要爽！锅底好吃，涮扫帚都行。"

每个人都有自己的生活习性

看到了吧，好朋友吵架就是今天吵完明天和，但是关系不到位的时候怎么办呢？一碗豆腐脑是不是都会引发争论？这就引出了我们要讨论的话题：当你在聊天时遇到因为生活环境或者生活态度导致生活习性不同的人，该如何处理？和这些似乎与自己"格格不入"的人，该怎么聊天呢？

"一方水土养育一方人"，每个地方都有独特的环境，生活在那里的人们也有各自的生活习性。比如，北方人爱吃面，南方人爱吃米；贵州人好酸辣，四川人好麻辣，湖南人只要是辣就行。

除此之外，人们从小养成的一些生活习惯也是不同的。这些不同的生活习性带来了不同的生活态度，也造就了不同的聊天方式。要想能和具有不同生活习性的人愉快地聊天，就要注意几个问题。

第一，己所甚欲，勿施于人。

我们都知道“己所不欲，勿施于人”，但我还要再提一句“己所甚欲，勿施于人”。

社会公德的基石就是彼此尊重。在和人交往的时候，我们始终要保持谦虚。越是想达成一致，就越要接受彼此之间的不一致。这就是求同存异的道理。

当你在遇到与自身经验相左的观点和看法时，如果能调整心态，变换一下角度，就能更好地理解对方。而当对方感受到了你的这种包容和对差异的尊重，也会对你报以尊重。这样一来，你们的交流才不会演变为争吵，才能达到有效的沟通。

自己再喜欢，也不要把自己的生活习性强加给对方。如果你喜欢吃甜豆腐脑，对方喜欢吃咸豆腐脑，那就依照不同的口味分别点餐。如果你非常希望对方尝尝鲜，那你可以这样说：“你可能不习惯这种口味，不过吃点糖，甜甜的，会让人很开心。这个豆腐脑也一样啊，有点像很家常的甜品，要不要试试看？”而不是说：“我去！豆腐脑是甜的天经地义好吗？别土鳖啦！”

生活习性这种东西，是每个人的自我主权。小洁曾经和一个朋友一起吃火锅，刚开动没多久，那位姑娘就开始了发问：

“哦哟，怎么这个样子的啦？”

“怎么了？菜里有苍蝇？”

“不是啦，服务员怎么能一下子在桌子上放这么多东西？”

“那服务员应该站旁边举着？”

“桌子上不能同时摆超过三样东西，会乱的！要放在架子上，随吃随拿！”

…………

“我的天哪！怎么可以这样？！”

“你又怎么了？烫舌头了？”

“你干吗一下子在锅里放这么多东西？！”

“这些不好熟的各种丸子、土豆片可以先煮一会儿，然后再涮肉啊，吃火锅不都是这样吗？”

“不行！锅里不能同时超过三样东西，要不然会乱的！”

“你是怕它们在锅里打起来？”

小洁真的很崩溃。

第二，生活习性的差异容易引起争论。

生活习性不同几乎是生活的必然，学会沟通很重要，因此，**分享和配合都是最基本的心态。**

和生活习性不同的人聊天，你可以从对方的话语中发现自己不了解的事物。作为一个北方人，也许你从来不知道粽子也可以是咸的，里面可以加火腿，也可以加蛋黄；或者你来自江南，每天以米饭为主食，偶尔吃吃小笼包，从未见过有人早上吃牛肉面。

所以跟与你生活习性不同的人聊天，实际上是为你打开了一扇通往新世界的大门。你不吃、不做都可以，但是不能不让人家说。聊天时你完全可以说：“啊？早上还能吃那么辣的东西？真牛！”

你请朋友吃大餐。在座的有南京人，有武汉人。南京人边用饼卷着烤鸭，边说：“鸭子还是做成盐水鸭、板鸭好吃。”

武汉人不服：“谁说的，一只鸭子的宿命就是被做成卤鸭脖鸭翅鸭肫鸭舌鸭架鸭掌鸭肠啊！”

你觉得他们大煞风景？你觉得他们不给面子？不要这么想，他们这是乡愁，有一个习惯家乡美食的胃，他们是在跟你分享他们的生活。你配合一下就好了，千万不要计较。

观点对立时要想办法化解矛盾

这里要说的内容重点不是报菜名，也不是教育你们不要计较。重点是，和生活习性不同的人聊天时可能会出现观点对立的情况。你们一时无法接受彼此的差异，这时怎么办呢？不要互怼，要想办法化解矛盾，不让聊天的气氛朝恶化的方向发展。

第一种情况，如果是毫无必要的矛盾，就不要强迫对方，适时地转移话题，让聊天可以继续下去。比如你和朋友说起做菜，你的朋友说：“做菜要先放盐，这样才会入味。”而你认为：“做菜应该后放盐，才能提鲜。”朋友丝毫不放弃：“先放盐菜才更容易入味，这样还可以少放点盐，因为盐这种东西吃多了不好。”

苗头已经不妙了，你就可以说：“这倒是，盐吃多了容易引起血压升高。都说现在很多盐都加这个、加那个，可我也听说现在好像都不缺碘了，可是很多盐还是在添加碘。现在老百姓都不知道该信谁好？”

“是啊，现在一会儿一个观点，前些日子还说刷牙一定要刷满三分钟，现在又有人说三分钟容易对牙体什么表面有伤害。我都不知道该怎么刷了！”

这样话题不知不觉就转走了。在人与人之间的交往中，沟通是最重要的，而冲突则是要尽力避免和化解的。当你在有选择的时候，可以把胜利让给对方，并借此收获一些新的知识和友情，这样不是更好吗？

第二种情况，如果有些冲突实在难以避免，或者有些观点的对立是你无法妥协的，这时也不要采用激烈的语言回应，而是要**恰当地表达自己的意见**。也就是说，我们应该在适当的时候说软话。“软话”并不意味着妥协，而是让对方更容易接受你的观点，给自己和对方一个台阶。

同时，**尽量不要使用绝对性的词**。比如，“一定”“务必”或者“天经地义”这种毫无余地的词，会让气氛显得很尴尬。“我觉得你说得很有道理，但是也可以从另一个角度看”这种句子就是一个很有必要的开头；“嗨，说穿了，其实还是得具体问题具体分析，我觉得我们可能都对，就是得看具体是什么情况”这种句子就是很好用的一个收尾。

第三种情况，来不及解释了，已经吵起来了。注意，**不要偏袒任何一方，而是要保持中立，**这样就能避免“拉偏架”的嫌疑。同时要想办法转移双方的视线，引起别的话题，让冲突得以缓和。转移双方视线，即便不停地说“哎呀，别吵了，别吵了”也于事无补；或者一下子站在两人中间说“听哥哥的，别闹了”，这样搞得跟宋江似的，即便双方暂时熄火，心里也难免会郁郁不欢。

比较好的办法是，先让双方关注的点从对方身上移开，让紧张的气氛先缓和下来。比如，你可以说："你们先吵着啊，我先吃着！今天这牛肉真是新鲜，我在清汤里涮，奶香味特别浓，在辣锅里涮，特别肥嫩。"绝大多数时候，吵架的双方只是觉得下不来台，需要有人帮忙降降温。

正是因为我们的生活是如此不同，才显得特别精彩。所以，我们还是要去积极拥抱这种不同。

第 44 课　和“自来熟”的人如何聊天

来谈谈生活中一种常见的、让你欢喜让你忧的这么一类人——自来熟。这些“自来熟”又可以分成两大类：一种是为了聊天而聊天的人，一种是为了自身的某种利益接近你的人。对这两种人，我们当然要区分对待。

怎么对待两种“自来熟”

和单纯为了聊天而聊天的人交往时，可以接受主动的善意。回应这种简单的热情并不会占用你多少时间，还会提供一个宝贵的机会，让你锻炼一下在这本书里所学的聊天术。

比如：你正在排队，排了很长时间，队伍却只向前挪动了 20 厘米，你感觉很烦躁。这时，身后有人轻轻拍了拍你，你回头一看，原来是排在你后面的陌生姑娘。

她问："嘿，你的包包真好看，在哪儿买的？"

你可以回答："××APP啊，这个牌子最近有很好的折扣，你也可以去看看啊。"当然，你也可以说："我在哪儿买的关你什么事？"但是，我相信大部分人都会选择前者，前者会让你打发排队时的无聊时光，甚至收获一个朋友。

有些人为了聊天而聊天，其实是因为他们需要理解和陪伴。

有的人和你并不是很熟的朋友，甚至是陌生人，却在初次见面时就和你说很多话。你这时可能会想：搞什么啊，我们又不熟，和我说这些干吗？在这种想法的指引下，你可能会消极地回应，甚至拒绝和他们交流。

可是，有时当一个人寂寞或不如意的时候，反而更愿意向不太熟的人倾诉，以求得片刻的安慰。面对这样的自来熟，如果你能提供一点陪伴，就不要吝惜自己的能力。

但是，**无论如何要注意保护自己的隐私。**

我们所说的"自来熟"，通常指的是陌生人。他们也许很能聊，轻易就让我们放松戒备。但是需要注意，这些人可能不只是和你能聊到一块儿去，和别人也同样如此。而他们和别人的聊天内容，很可能是你不经意说出的一些事。

如果你无意中透露了自己的隐私，即便你曾经强调过这些事的隐私属性，也仍然有很大概率被扩散出去。有些人只是为了和别人有话题可聊，完全不会考虑聊起的是不是其他人的隐私。比如你刚搬了家，来家里装宽带的师傅就是个自来熟，你自以为和他聊得很开心，结果过了几天，全小区都知道你家里有几口人、几条狗了。因此，对于自来熟的人，我们有必要心存警惕。

至于那种为了某种利益关系接近自己的人，我们**要适度地给予善意，然后加以辨别和应对。**

有些人不只是为了聊天才来和你说话，而是为了拉近关系，然后让你帮一点忙或者和你做一些交易。因为他们有求于你，所以会显得特别亲切，见面就叫你“哥哥”或者“姐姐”。这种称呼或者聊天的方式可能不是你喜欢的，甚至会让你产生反感或不适。但是如果你能换一个角度去想，对方可能正需要帮助或者正需要肯定。别人需要我们，这正体现了我们的价值。**如果不需要，那就要委婉地表示拒绝。**

即便你有很多理由拒绝，开口时也要尽量态度温和有礼貌。比如，有人在街上和你特别热情地打招呼，随后开始向你介绍一款产品，你就可以说：“实在抱歉，耽误你的时间了，我目前没有这方面的需要。”这样既表示了拒绝，又不至于伤了和气。毕竟和气生财嘛，如果对方是个懂得分寸的人，自然也会友好地接受。

如果对方没分寸，让你不堪其扰，那就要果断拒绝。我曾经遇到过一位自称“大师”的大妈，总是想让我去参加她所谓的学习班。据说听了她的课，轻则强身健体，重则益寿延年。说了半天，看我不为所动，她决定出大招了：“你猜我今年多少岁了？说出来吓你一跳！”我说：“看您这年纪、这气质，您得管慈禧叫二姨吧？”然后这个大妈就绕着我走了。

对方过于热情，该怎么应对

大部分自来熟的人，通常都是过于热情，过于热情不适合聊天，所以试着亲手结束它。比如对方开玩笑过分随便，就要适当回应。

有一次小洁正在吃零食，公司里一个和她并不熟的中层领导走了过来，劈头盖脸就是一句：“还吃！都快胖成猪了，当心没人要！”如果你遇到这种情况会怎么办?

小洁在基本的教养加持下，笑着回应：“没关系啊，开心就好嘛。您可别为我操心，否则老得更快！”

再比如某件事本该公事公办，对方却自以为和你很熟，就可以帮你做主。我就碰到过这么一个快递小哥，他给我送了两次快递之后就觉得我们特别亲热了。有一次收到短信：“您的邮件已送达。配送员××，电话××××。”但是我当天一个邮件都没有收到，就给快递小哥打了电话：“是有我的邮件吗？我没收到，为什么显示已送达呢？”

他说：“哎呀，哥，今天不是晚了吗，我就先标成‘送达’了，明天给你送。就凭咱俩这关系，你放心，绝对错不了。”

我当时说得不算客气：“嗬，你们的管理都可以这样了？要我们新闻透视报道一下你们公司的工作作风吗？”

他听懂了：“哥，你等一下，我这就给你送过去。”

另一种情况就是他对你过于热情，还要求你热烈回应。对方不管你是不是愿意听，一股脑儿地、掏心掏肺地跟你说他所有的事。你这边还没消化，他就开始冲你挤眉弄眼，意思是：该你了。如果你没有把自己赤裸裸地展示出来，对方就会说："我们还是不是知心朋友？"我觉得这时你该给予对方足够的"肯定"："不是啊！"

跟"自来熟"的人聊些什么

自来熟的人通常都是先开口的那一个，如果我们不想一下子拒人于千里之外，该和他们聊点儿什么呢？

如果对方只是主动与你打招呼，那就顺着对方的逻辑走一段看看。其实这是个难得的锻炼聊天技巧的机会。你对面的这个人，刚刚把最难的那一步——建立联系——帮你完成了，接下来，你可以变着花样地聊你想聊的话题，还可以根据对方的不同反应改变策略。

如果对方主动提起话题，而且话题又是你感兴趣的，那就适当跟随对方。我们说过，一次愉快的聊天，气氛很重要。如果和对方并不熟悉，那么要想办法让气氛热烈起来。但是如果你碰巧遇到了一个自来熟的人，气氛的问题就完全不需要操心了。

如果对话题不感兴趣该怎么往下聊呢？**适当引导。**自来熟的人通常热情有余，但是说起的话题未必是你感兴趣的。这时如果你还想和对方继续聊，就可以进行适当的引导，让话题转换到你熟悉的轨道上。

对方说："你跟那谁不是在一个公司吗？你听说他出轨的事儿了吗？"

你可以回答："还真不知道，因为我对这种事实在不感兴趣。而且工作还特别忙，哪有时间八卦这些事儿。不过，我们公司的事你们都知道了，看来合作的效果很明显啊？对了，我听说你也参与了新的项目啊，现在进展到哪一步了？"

适时做个"自来熟"的人

"自来熟"或许会给别人带来一些困扰，但也有值得我们学习的地方。不可否认的是，在和陌生人交往时，自来熟是一种非常实用的本领。当你和自来熟的人都想结识一个人时，可能你还在想怎么上前打招呼，那个自来熟的人已经和对方聊得火热了。因此你要学习自来熟的长处，尽量不惹人讨厌地与陌生人拉近距离，前提是要**注意有礼貌和保持尊重。**

如果你在某个方面具备独特的优势，刚好能够在聊天时用得上，这时就要做一个自来熟的人适时加入对话。

比如你去参加一个聚会，碰到的几乎都是陌生人。这时，你听到有人在聊一个特别熟悉的话题，而他们似乎遇到了困惑，你就可以自然地上前说："碰巧听到大家在聊的事，我刚好有点经验，不知道能否和大家分享一下。"只要你保持足够的谦虚，不摆出一副自鸣得意的架势，相信没人会拒绝你加入聊天的。

在本该聊天的闲暇时光中，如果没人主动开口就是浪费，我们可以在恰当的时候做一个自来熟的人，成为开启一段美好聊天的引路人。

第 45 课　和晚辈有代沟如何聊天

有一次阿明问我："哎，你说，我是不是老了？"我很好奇他怎么会问这个问题。他叹口气说，一个 90 后表妹对他造成了心灵伤害。女孩在小的时候特别崇拜他，觉得他无所不知、无所不能，有什么不懂的都来问他。现在可好了，说他像个老古董。

我说："那你倒是证明给她看啊，证明自己没落伍。"

阿明说："我证明了。她说的十个词儿里有八个我没听说过，还有两个是硬猜的。她说她的 idol（偶像）是那谁，我问啥是'idol'，巧克力味的吗？她剜了我一眼，一脸嫌弃地走了。"

知不知道 idol 不是重点，重点是阿明被表妹嫌弃了。我意识到这是跟晚辈有代沟。

代沟是常有的，也是合理的

首先，我们来明确一个概念：什么是代沟？“代沟”这个词是由20世纪60年代末美国著名女性人类学家玛格丽特·米德提出的，广义的定义是指年青一代与老一代在思想方法、价值观念、生活态度、兴趣爱好方面存在的心理距离或心理隔阂。

翻译成普通话就是，时代不同了，人们喜欢的东西也不一样了，观点和看法自然也都对不上了。**其实，代沟的出现是必然的，从人类诞生至今就一直存在。**

代沟是什么？代沟就是前进的脚步。代沟就是费玉清和周杰伦，就是苹果手机和诺基亚、摩托罗拉。

2017年，代表人类最高棋力的九段棋士柯洁和阿尔法狗对战并落败，这也意味着人工智能头一次在复杂算法中可以战胜人类，甚至表明机器有了全新的学习能力。但是人类有没有灰心？当然没有啦，我们会一起变得越来越好。

正视代沟，避免说教

被人叫“大叔”的时候，不要生气。**被人叫得“显老”一些，并不一定是坏处。**

首先，对方给了我们一个身份定位，让我们更清楚在和对方聊天时自己的身份。

其次，这样的称呼提醒我们，该去关心一下新鲜事物了，人可以老，心不要老。

最后，事实上哪怕是戏谑语气的“大叔”“阿姨”这样的称呼，也可以当作是我们跟不上潮流时，晚辈对我们的一种谅解。

代沟看来必然存在，而交流又似乎必不可少，所以就需要调整心态——不慌张，要正视代沟。

比如，你的晚辈第二次跟你说：“我的 idol 好帅。”你接受了第一次的教训，知道“idol”就是偶像的意思，于是你就可以回应说：“嗯，我也觉得你的 idol 挺帅的，像我的 idol 一样帅。”晚辈可能就会问：“你的 idol 是谁啊？”

这时你要注意，一定不要强行科普，说：“你知不知道张学友啊？朴树呢？不会吧，你不会连许巍都没听说过吧？”这样只会让人感觉到你身为长辈的傲慢。

如果想要聊天，不必向对方灌输什么，只要平和地表达自己的感受就好了。比如，你可以平和地说：“对你来说，我的 idol 都是很老气的人啦，但是，我当年疯狂追他们的时候，也感觉他们是最帅的。当然，现在依然觉得他们很帅。”

当晚辈愿意和你交流的时候，千万不要有优越感。要记住：**保持平等，避免说教。**

每个人都有表达自我的欲望，长辈在晚辈面前尤其如此。有些人因为好面子，喜欢让晚辈认为自己是绝对权威，这并不是什么好事。其实，要想和晚辈进行良好的沟通，保持平等是最重要的。我们每个人的人格都是独立的，并不因年龄大小、身份高低而有所不同。

当长辈把自己凌驾于晚辈之上时，实际上就是关闭了沟通的渠道。有时候长辈会因为自身的一些微不足道的经验，就指导起晚辈来，告诉他们要这样、要那样，其实是不合时宜的，也未必符合晚辈自身的情况。

拿出长辈应有的气量和智慧

长辈不仅不要充当权威，有时还应该向晚辈虚心学习。随着时代的发展，特别是在今天，几乎所有的新事物都是由年轻人创造的。当长辈带着怀疑甚至鄙夷的神色去看待晚辈时，他们可能早已征服了全世界。

因此，当长辈看到晚辈在鼓捣一件自己不熟悉的设备，或者研究一个自己看不懂的花花绿绿的界面时，别忙着批评人家："喂，鼓捣什么呢？玩物丧志。"这样除了露怯，没有什么更好的结果。长辈可以说："我说，玩儿什么呢？看起来这么好玩儿，能教教我这个老家伙吗？"

当晚辈不愿跟长辈交流时，长辈也不要气馁，依然可以尝试沟通。既然是长辈，就应该拿出长辈应该有的气量和智慧。

首先，表明开放态度，避免死缠烂打。

长辈要静下心来想一想，在自己的成长过程中，除了某一段时间对大人亲近以便获得保护和安全感之外，其余时间是不是都更愿意和同龄人在一起？因为更有共同语言。

所以长辈也要表明自己的开放态度，不要让晚辈觉得你整天闲着没事做，要硬拉着晚辈来聊天。而是要向晚辈传达出这样一种态度：想什么时候来和我说话，我的大门总是敞开的——你随意，但是不想和我说话的时候，你可以自由地做你的事情，我完全支持。

其次，创造零散机会，加强彼此之间的了解。

在和晚辈交流时，长辈因为对新事物的不了解，或者对晚辈所谓的“关心”，导致话题总是围绕着晚辈来展开。比如长辈总是会问：“最近怎么样啊？学习吃力吗？考试考得好吗？有没有女朋友啊？工作顺利吗？想不想跳槽啊？”简直是活生生的“十万个为什么”，我们都懂得言传身教的道理，因此如果长辈想和晚辈更好地交流，就要少提问，让晚辈尽可能多地了解你。

当然，这种了解绝不是“老子当年多么厉害”，而是让他们知道你曾经犯过什么错误，又是怎样解决的，要让晚辈知道，你并不只是个长辈，更是和他一样有困惑的人。

最后，保持积极进取，跟上时代步伐。

永远不要停止学习，只是学习的对象不只是文化，还有做人的经验、处事的态度，等等。长辈不要以为自己的经验是老少通吃的。比如，长辈本来觉得晚辈在说话时玩游戏是一种不尊重，但是时间长了会发现，原来年轻人早就习惯了多线程的生活方式，玩游戏也不耽误说话。理解了，就好沟通了。

如果你还想成为一个跟晚辈打成一片的人，就要了解当下最新鲜的事物和最热的话题。你当然不需要知道得特别具体和深入，比如，某个明星家里有几条狗？她在哪家医院做的手术？她喜不喜欢吃青椒？但前提是你需要知道所说的这个人，在聊天时能够当一个话题来切入，并且能适当地聊下去。

那些你不了解的，正好可以当作和晚辈的谈资。可以说：“听说她家里有好几条狗，是不是特别有爱心？”或者“她和她老公有什么共同的作品吗？”如果碰巧遇到了晚辈不太明白，而你有些研究的问题，就可以和晚辈分享一下自己的观点。

但是长辈也要记得，跟上时代、主动沟通并不意味着要迁就晚辈和迷失自己，不要丢掉自己的风格。自己原本具有的特点，要保持和提高。如果为了和晚辈达成一致而丢掉了自己的风格，那么你就是伪装，就会变成晚辈眼里的“戏精”。

长辈应该尽力让晚辈接受一个真实的自己，而不是装出来的惹人喜爱的样子。比如，和同龄人在一起时非常幽默，那么和晚辈在一起时就不要为了保持长辈的尊严而假装很严肃，只要保持自己的特点就好了。

第 46 课　如何与工作上的后辈聊天

“老师，这个工作流程我看不太懂，您能帮我分析一下吗？”

“拿过来，这么简单的问题都看不懂，这么多年的书都读到哪里去了？自己再看看，实在不懂的话再来问我。”

“老师，这个在学校里确实没有学过，您能不能……”

“不是说过了吗？自己再看看，没看到我这里很忙吗？”

“哦。”

现今，前辈与后辈之间的关系变得很微妙

我们以前似乎常听到上面的对话，我为这样的实习生深感可怜，也为这样的带教老师感到可悲。现在会不会还有这样的前辈呢？我觉

得应该还会有，只是越来越少罢了。不是因为这样的带教老师觉悟高了，知道要对后辈好一些，而是因为后辈崛起太快了，能力和资历正在迅速赶超前辈，让他们不得不好好交流和重视。当然，知识和业务是一方面，但人情和交际却是很难超越年龄的。在这些方面，我们不得不说姜还是老的辣。

后辈的迅速崛起，导致他们与前辈之间出现了一种不得不正视的张力，再加上“教会徒弟，饿死师傅”这样的俗语和“长江后浪推前浪，前浪死在沙滩上”这种戏谑之语带来的某种负面心理暗示。有时候，前辈不是没跟后辈交流，而是跟后辈进行虚假的交流，这种交流很难起到真正的作用。

后辈需要前辈的提携

之前看到一篇文章，我觉得写得过于决绝，它的大概意思是说：“该撞的南墙，一面都少不了；该踩的大坑，一个都少不了。不要和年轻人讲道理，让他们去做，不要告诉他们答案。”

我承认他说对了一半，现在年轻人的管理成本是真的很高，以前在工作中，领导说往东就往东，不需要知道具体原因；现在，如果不跟年轻人把话说清楚，他会加进无数自己的想法。

但是，作为一个教说话、搞交流的人，我认为晚辈能不能听懂你的话、接受你的话，很大程度上取决于你的交流和沟通方式。《我的前半生》里，贺涵告诉子君，职场是来工作的，不是来交朋友的——

这话是对的。

但是，你可以不在职场上交朋友，却不能不在职场上聊天。聊天可以不是为了交朋友，它可以更好地服务于工作和交流。当有些工作上的交流披上了聊天的外衣，就容易入耳入心，容易有力有效。

很多人都记得初入职场时的无所适从感。

“小威，去把这份文件整理一下，然后发给张总，抄送总经理、财务部和你的分管领导还有我，注意格式。”

“小威，让你发的邮件发了没有？怎么还没收到？”

“小威！发邮件是一件很困难的工作吗？你是哪个流程不清楚？负责带你的人呢？”

“小威！……”

可怜的小威，刚开始工作时每天被人呼来喝去。当跑腿的小卒是必修课，这一点他很清楚。但是更大的难题是，如果没人教他，很多事情他完全不知道该怎么做，因为这是学校里没教过的东西。

后辈需要前辈的提携，并不需要行拜师礼或者举行多么隆重的仪式感，只需要通过日常的聊天言传身教就可以了。

比如，“小威，我司发邮件的格式你清楚吗？来，我教你。还有，刚才冲你喊的那个家伙一点儿都不坏，他只是工作特别认真。所以你千万不要放在心上，只要你工作做得好，他比谁都随和。”

这时，小威感到职场里不全是折磨，也有暖心的地方。

以聊天的方式指导后辈工作

作为工作上的前辈，**提携后辈的首要一点就在于工作。**当然，这本书并不是教导大家职场话术的，而是要让大家用聊天来解决现实生活中的实际问题。在指导后辈工作时，当然不仅是教导对方具体的工作如何进行，培养他们的工作态度和信心也非常重要。

小威刚进公司不久的时候，他所在的项目组接到了一个大项目。当时，小威负责最基础的信息和数据采集整理工作，组里负责带他的前辈摩拳擦掌，对他说："小子，好好干，这次的项目做好了，你就能出师了。"

可是没多久就出了问题。在统计数据时，小威用错了一个公式，提供了错误的数字。而且这是他晚上回家之后才发现的，如果按照他的数据，整组的前期工作可能都白做了。他给前辈发了信息承认错误，然后一夜没睡。第二天他忐忑不安地来到公司，没想到，大家对他的态度和平日毫无二致，依然夸他干活儿勤快。

休息的时候，茶水间碰到前辈，前辈微微一笑："数据错了的事我知道了。没关系，只需要换一个公式，没你想的那么复杂。"看小威低着头不说话，前辈又说："人人都会犯错误，但犯了之后就要记住，避免以后再犯。你在我这里可以把所有错误都犯一遍，只要出了门不给我丢人就行。"

后来这个项目完成得相当不错，组里开庆功会的时候，前辈又说："这次多亏了你，要是没有这么翔实的数据做基础，我们的工作不会做得这么好。”

小威说：“其实我知道您一直在找机会跟我说这件事。您没有把我叫到办公室训话，而是在茶水间跟我用聊天的方式说出来，就是怕打击我的信心。从那以后，我知道我可以做什么，怎样能做好。”

后辈犯错误很正常，骂人当然简单，只要不停地说“笨蛋”就好了，这样还显得自己十分权威。只是这种简单粗暴的方式，除了让后辈心生怨恨，起不到什么好效果。因此，面对犯错的后辈，要注意说话的方式，你可以在办公室教导，也可以在聊天中提醒他：“这个地方如果是这样，得出的结论就与实际情况不符，所以是不是相关的信息没有考虑周全呢？你要不要再加上其他选项试试？或者逐一排查一下，到底是哪里出了问题？”

还可以更委婉地提醒：“小威，这个活儿干得不错。不过，你看这里有些烦琐了，如果改用其他方法会不会好些呢？你再考虑考虑？”或者“上次我们头脑风暴的时候，提出了几种方案，要不要采用其他方案再试试？可能会有惊喜呢。”

聊天或者类似聊天的过程避免了最直接的身份冲突，也能避免很多尴尬，何乐而不为呢？

身为前辈，还要善于发现后辈身上的优点。比如，后辈的 PPT 做得精美，就可以鼓励对方：“你做的 PPT 体现了良好的条理性和审美，这都是你的优点，以后在其他方面也要多多发挥哦。”有些优点可能是后辈自己都意识不到的，甚至之前一直是被当成缺点。

比如，后辈可能不爱说话或是性子有点慢，但是这并不代表他是闷葫芦。你要鼓励他，让他把这一点当作特长发扬光大。比如说："小威，我发现你比我还稳重嘛，碰到大事儿沉得住气，好样儿的。除了稳重，还要把业务再做扎实，下次公司谈判，我会申请让你参加。"

"画饼"这种事儿，做前辈的最擅长。

以聊天的方式指导人际关系

当然，你和后辈除了有工作上的关系，**在工作之外，也可以成为对方的良师益友。**如果后辈是刚毕业的学生，对职场、社会和人际关系可能缺乏了解，这时候就需要我们帮忙，让他们尽快适应。

比如，你的部门来了一个新同事，你负责带他，就可以跟他说："来，我带你走走，以后这儿就是你除了家以外待的时间最长的地方了，要好好熟悉一下哦。"首先要熟悉本部门的构成，把同事逐一介绍一下，然后再带着后辈在全公司转一圈。当然在这里说的是小一点的公司，如果是在大公司或者人多的职场，起码也要熟悉平时打交道最多的部门和直属上级。

你可以边走边说："你看，这里是人事部，这里是财务部，这两个地方要记牢。前面是茶水间，可以休息一会儿喝点东西，在里面遇到人举止要礼貌，因为领导可不一定会随时带着工牌。这里是复印室，最近一段时间你可能要经常跑这里，这也是熟悉工作流程的一部分……"一圈下来，后辈对公司就有了一个具体而直观的了解。

当然，除了入职第一天的"公司一日游"，平日里也要多加提点，以身作则，让后辈明白如何在职场中过得更加游刃有余。当然，这里不是让你摆架子，动不动就“我当年如何如何”，而是当后辈提出问题或困惑时，对他说：“我理解，因为我也曾经历你现在所经历的这些，因此我可以给你提供一些我的经验。”这样坦诚地交流，会让后辈更好接受。

如果后辈本身就不太会处理人际关系，或者始终找不到切入点和人交往，尤其是在职场里，不知道怎么和其他同事打成一片，这时，你作为前辈就该居中调解，起到润滑剂和黏合剂的作用。比如你可以在休息的时间组织个小型的茶话会，让大家暂时忘掉工作，畅所欲言。在聊天中，你要适时地把后辈的优点和长处介绍给大家。

比如，有同事说：“我家贝贝最近开始练习古筝了。”而碰巧后辈有这方面的知识，你就可以说：“小威的古筝弹得很不错，从小学习演奏，来咱们公司之前还开过暑期班指导小朋友呢。”或者有同事说起去哪里旅行，你也可以说：“小威老家就是那里的啊，是吧，小威？”还可以鼓励后辈对同事们发出邀请，以后一起去家乡旅行。

当后辈想要结识某人，却始终缺乏机会或勇气时，你就可以说：“你看，我们在一起时可以这样自然融洽地交流，那么你和别人也可以。如果你不知道该说什么，就放低身段，去请教问题，多听听其他人是怎么说的，这样时间长了就能说上话了。”

如果后辈的聊天技巧一般，你还可以跟他说：“孩子，你知道‘喜马拉雅 FM’吗？对对，就是那个网络音频平台。上面有一个课程叫《超级聊天术》，你可以去听听，很有用的。”

聊天还可以帮助后辈调节负面情绪

后辈在职场中很容易犯错误，即便你以包容的态度对待，后辈可能仍然会有挫败感。有时还会像我们刚才说的一样，后辈无法快速融入新环境，在一个集体找不到自己的位置，感觉被孤立。这种挫败感和孤立感，与之前熟悉的生活之间往往存在着巨大的落差，这就会带来一些负面情绪。这种负面情绪不但会影响后辈的工作积极性，时间长了还可能让他消极对待生活。

不要让后辈有孤立感，要让后辈知道，**他是你的后辈，你是他的后盾，你会帮助他**。你可以对后辈说："有什么不懂的地方，尽管来找我，不用不好意思。"或者当后辈还没有充分融入集体时，你可以按照刚才讲的方法来帮助他，解决他的困难。并且还可以对他说："在这里，你可以把我当成一个可以信赖的人，我不但是你的前辈，也想成为你的朋友。"

有时候后辈心里会有一些郁积的负面情绪无法宣泄，这时要帮助他把这些不良的情绪发泄出来，让心态恢复平和。当然，这不是让你帮后辈骂人。如果把每个否定我们的人都要骂一遍，那么我们无异于与全世界为敌。比如，后辈可能会说："这个工作太难了，我怎么都做不好，是不是大家都看不起我？我是不是再也做不好了？感觉自己真没用啊。"

这时你可以说："我们从出生开始，就没有一件事是真正简单的。你要学着走路，学着说话，学认字，长大之后还要读书、参加考试，连进入这家公司，也是在面试里比下去了很多人才成功的。如果没有这些困难，我们就不会进步。把这当成一次锻炼吧，成功之后，才会得到奖励的。”

“套话”：与后辈聊天的特殊情况

当然，与后辈聊天时也可能会遇到特殊情况，比如来套话的。有些后辈看起来天真可爱，但是他们可能回头就把你认为是私密聊天里的内容宣扬得人尽皆知。所以我们要注意，在和后辈交往时，敞开心扉是必要的，但是同时要注意保护好隐私——无论是自己的还是别人的。

注意不要说别人坏话。后辈冷不防地问了一句：“您说到的那个财务经理，是不是人品不好啊？”又或者有一天看到别人升职很快，就跑来问你：“您看，那个 ×× 是不是和老板有特殊关系？我们俩差不多同时进公司，怎么现在他比您的级别还高了？”遇到这种带有明显感情色彩的问题，一定要保持谨慎。

你可以这样回答：“我们这些人都在这里工作，除了正常的同事关系之外，如果不能成为朋友，起码应该保持基本的尊重，不要轻易对别人做出评判。如果你这样想别人，别人也可能这样想你。知道吗？”

还有一种情况则更为极端，但是一定存在。有些人是故意跳槽到竞争对手公司来打探商业信息的。因此，**在聊到跟公司有关的事情时，要保持警觉**。面对一个新人，你可能为了让他更快地适应公司而知无不言，但是心里一定要把好关。有时候后辈问的问题明显超出了你们的工作范畴，这时就要留个心眼儿。

比如有后辈问你："老师，我们这次的项目做得很成功吧？最终的竞标价是不是特别有竞争力，是多少啊？"你可以回答："谢谢你。"后辈可能会傻眼，问："老师，干吗谢我啊？"你就可以说："当然要谢了，只有老板才知道竞标价，你问我这个问题，不就是把我当老板了吗？所以要谢谢你啊。"

当然，后辈也不总是后辈，也有上位的一天。当你遇到了一个很有能力的后辈，但对你老是不客气，这时又该怎么办呢？

我们不要抱着"自己是前辈"这样的自大心态，而是要有开放的心胸和乐于学习的品质。如果后辈确实能力强，工作做得又快又好，你就可以多多参考。而当后辈对你口出狂言时，你也不要和他针锋相对地理论，这样只会浪费时间，甚至场面会进一步升级，带来其他伤害。

是大人就得有大量，这样在职场中才会更被人尊重。当你遇到能力和个性很强的后辈时，要给予充分的尊重，同时也要以包容的心态面对。

第 47 课　如何与暴脾气的人聊天

有些人血管里流的不是血，而是硝酸甘油——液体火药——一点就着。一旦他们的暴脾气发作起来，就是没有道理可讲。我们总是搞不懂为什么他们的脾气会这么大。其实这可能并非他们的错，只是生来如此。

暴脾气的心理学解释

心理学上把人划分为 4 种类型，分别为胆汁质、多血质、黏液质和抑郁质。其中，胆汁质的人很容易兴奋，总有使不完的劲儿，用不光的精力。他们很容易取得事业上的成功，因为冲动会带给他们无穷的力量。

但也因为这种冲动——脾气暴躁，致使他们总得罪人。当然，还有些人是因为心理或者生理上的疾病造成了烦躁易怒。这样的表现往往是不受他们自己控制的，所以我们和暴脾气的人聊天时，尽量不要试图说服对方“坐下来谈谈”。

除了易怒，很多暴脾气的人通常也是个急性子。让别人等着可以，但是如果有人胆敢让他们等上一会儿，他们就容易发作。这种人的另一个特点是，不等别人把话说完就急着下结论，没有耐心听人解释，很容易忽略对方的感受。

跟天生暴脾气的人通常没有道理可讲。如果你非要和他们聊天，那就尽量缩短聊天的时间，不要恋战。他们的性子急，你就要比他们还急，把想说的话先在脑子里过一遍，争取说出口的每句话里都只有必要的主谓宾语，少用或尽量不用任何定语修饰，直白地表达。

有些暴脾气的人应该给予理解

当然，有天生暴脾气的人，就有后天暴脾气的人。有些人不是生来脾气就很暴躁，而是心理被压抑之后的结果。我有一个朋友，大家习惯叫他四哥，平时以好脾气著称。这位朋友哪儿都好，只是因为小时候起水痘抓破了脸，现在脸上有几个明显的痕迹。他有一个同事，不是很熟，平时只是工作关系，但可能是觉得四哥脾气好，每次见面都拿这个小缺陷开玩笑。

“你是参加过扫雷吗？拿脸当探测器去了吧？”

“看见你就想起了五饼，我上次就差一张五饼，自摸清一色啊！”

有一天，那个同事又来了：“哎，你最近是不是去叙利亚了，被崩着了吧？”

四哥实在忍不下去了，一贯以好脾气著称的他终于展现出了自己的暴脾气，然后整个公司都听到了他的咆哮。

这样的表现是可以理解的。老实人发起脾气来，杀伤力往往更强。但我担心的不是这一次爆发，而是因为爆发了之后，他发现，原来这个世界还是“以暴制暴”比较简单有效，接下来，就开始长期这个样子，硬生生把一个好脾气的人逼成了“炸药包”。

和暴脾气的人聊天怎样才能不受伤

那么问题来了，和暴脾气的人聊天不太容易，那么该怎么聊才能不受伤呢?

首先，不给他机会。不要激怒对方，尽量不给对方发作的机会。“伸手不打笑脸人”，如果你的态度很好，用词得当，语气也十分缓和，就不容易引人发脾气，至少也容易灭火，再次也能让他对你心生愧疚，避免以后乱发脾气。

有的朋友可能会问：“这样不是纵容对方吗？我们也太弱了吧？！”我要说的是懂礼貌，避免冲突，并不是懦弱，也不是㞞。如果我们每个人都愿意控制一下自己的情绪，人与人之间的关系会更加和谐。

通常一个人的脾气再暴躁，都是受到外界的刺激才会发作。时刻都处于癫狂状态的人不是脾气不好，是精神有问题。有时候，我们可能会因为某些言辞或者行为惹怒别人，这时就要多一个心眼儿，以后在和他说话的时候，尽量不要做类似的事。这就好比在危险地带做记号，标上记号的地方就不要去。

如果对方是你的朋友，你对他有足够的了解，知道什么时候不能惹，就尽量不惹他。如果对方是陌生人，当你发现对方有脾气暴躁的倾向时，就要注意自己的言辞。尽量听对方说完，然后思考一下再做回应。不要急着答话，也不要针锋相对。

和暴脾气的人聊天，就要清楚怎样容易惹怒对方。跟对方唱反调当然不可取，如果对方说什么你都当作没听见，让人觉得好像在对着空气说话，那么过不了多久就能感受到对方的怒火。因此，如果对方说的话并没有什么大问题，而且你不是完全无法认同他发表的观点，那么在不违背自身原则的前提下，你就可以尽量顺着对方，并且要积极回应和配合。

这里所说的顺着对方，并非只懂得说“是是是，您说得对”，而是应该对对方所说的话加以具体的肯定；如果对方有错误，也可以委婉地指出来。只要你说得在理，并且态度真诚，保持微笑，就不会惹出事来。

比如，对方说：“你说气人不气人，我上次在车站排队买票，一个老太太特别自然地就插到我前头了。我二话没说，直接骂了她一顿，把她骂到队尾去了。要不是看她年纪大，我得亲手教育教育她。”

你就可以回他："插队确实不对，年纪大也不是理由，不能自恃年纪大就不遵守社会秩序。但是老哥你这脾气也够可以的，讲道理就行了，不必生气。而且万一骂急了，把老太太骂出个好歹的，你说怎么办？"

其次，不起正面冲突。

有时候，事态已经发生了变化，对方蓄满了力，开始发大招了，我们又该怎么办呢？**避其锋芒，让对方发泄**。要知道，一个人发起了脾气，就像是按动了马桶的按钮，在水箱里的水放完之前，你没法让它停下。既然如此，那就先由着对方发泄吧。

避过锋芒，安静地等着对方发泄完。这样做有两个好处：第一，发脾气的人如果没有了发作的对象，就会慢慢地平静下来；第二，发脾气其实是件很耗费体力的事，闹上一会儿，对方就会像跑完半马一样气喘吁吁，这时候你就可以轻松应对了。

需要加以区分的是，如果对方发脾气是因你而起，要及时道歉；如果是因为别的人或事发脾气，就先听着他说、由着他做。当对方已经充分释放了体内的"洪荒之力"，把该发泄的东西发泄得差不多了之后，我们就该好言安慰，让对方的情绪得以恢复，避免大地震之后的余震。

我们要记住一点：**对发脾气的人，尽量少讲道理，多谈感情**。道理往往直白刺耳，让人听了觉得是在教育他，刚刚平复的脾气可能一下子又冲上了天。如果对方是你的朋友，那就撸起袖子和他同仇敌忾，让他知道你们是"一伙儿的"；如果对方和你并不熟悉，你也要使他明白，他的行为是可以理解的。

第三，要控制局面。如果你遇到暴脾气的人和别人发生了冲突，你又没法坐视不管，就要想办法巧妙地化解矛盾。我们大概都有过这样的经历，两个人争吵的时候，遇到了第三个人，就会争着上前说："你给评评理。"

可能原本两个人吵累了正打算休战，但是碰到了其他人就会又激动起来，说着说着就继续吵，甚至吵得更厉害。因此，不要让对方的关注点放在你身上。你应该是个居中调停的人，而不是引战的人。该怎么做呢？

首先，要尽量用言语安抚，一边让发脾气的人不要这样激动，一边让承受怒火的人不要忙着反击。你可以对暴脾气的人说："喊麦也用不着这么大声，你先降到中音 C，再接着说，要不多累嗓子啊。"再对另一方说："我们都先听他的，也许他说的有道理呢。总是互相打断，就容易着急。我们不要急，先听一听。"

接下来，要找到使得这个暴脾气的人发作的点。注意，不要听他们讲道理，要迅速做出判断，把矛盾点提炼出来，让双方不再纠结于和人吵架，转而关注这个点，也就是通常所说的"对事不对人"。

有一次，单位两个同事吵架，我劝架。其实事情很简单。暴脾气的同事和小伙伴约了一起吃饭，暴脾气同事想吃川菜，小伙伴不同意，说要喝粥。两个人没说几句就吵起来了。我就上去问："吃顿饭一定要这么坚持吗？以前也没因为这个吵过啊，这次怎么了？"暴脾气同事说："不是上回说好了吗？他说早就想去尝尝这家新馆子，结果约好了他又要换地方。”

接着，我又问小伙伴是怎么回事，小伙伴说：“是约好了不假，结果今天他说要去买达喜，我想这胃都不舒服了，还吃什么川菜啊?就说去喝粥，他就炸了。”暴脾气同事这时候说：“嗨，那是给我爸买的！”明明是对彼此好，结果却吵了起来。

还有的时候，脾气暴躁的人可能并不是因为什么具体的事发脾气，只是觉得自己要占据强势地位，不肯在言语上吃亏。这时就可以想办法转移话题，让当事双方都能认同，而不必产生争执。如果你在危机爆发之前就参与了聊天，就要注意观察形势。有时引起矛盾的一方可能没有意识到自己说错了什么话，但是另一方已经要发作了，这时更要及时转移话题，让一场争吵消弭于无形。

对脾气暴躁的朋友可以用这种比较“软”的方式。但是如果遇到暴脾气的陌生人，要想让他听你说话，就要表现得“硬”一点。这并不是说你一定要比对方嗓门大，而是要让他注意到你，无法忽视你的存在，你可以“路见吵架一声吼”，也可以一屁股坐在地上开始哭，只要能镇住对方就好。

保持警惕，不要让自己变成暴脾气的人

生活不易，每个人的情绪都需要一个出口。老舍先生说得好：“我们每个人都很可爱，是生活使我们变得面目可憎。”无论如何，我们要避免成为暴脾气的人。发脾气和讲道理相比，前者的成本更低，因

为讲道理需要思考，而发脾气只需要提高音量就能实现。但是成本低的代价就是让自己变得不受欢迎，因为我们都不愿意经常承受怒火。

性格再随和的人也是有脾气的。一点儿都不会生气的人，在现实生活中几乎不存在。我们总是听说，有脾气不能经常憋着，容易憋出病来。这是有一定道理的，因为情绪需要释放，总是压抑情绪，对心理和生理状态都会造成影响。也就是说，有了脾气就要发泄。但是别人不是你的出气筒，不能随便对他人发泄。

当你特别急躁想发脾气的时候，要在心里默念之前提到过的一个原则：**对事不对人**。发泄完了之后，如果感觉给别人带来了伤害，一定要及时道歉，争取对方的原谅，让人知道你不是不讲道理只会发脾气的人。

当你的情绪还没有累积到足够发脾气的时候，应该主动和朋友聊一聊，比如："我最近工作上遇到问题了，好烦啊"或者"异地恋真是有点痛苦，快来安慰安慰我"。就像水库一样，平时也要开闸放水，否则水蓄满了，遇到一点压力就会决堤。

第48课 如何与强势的人聊天

生活中总是有一些人做任何事、说任何话都显得高高在上，咄咄逼人。他们的态度总是十分倨傲，像是你欠他钱一样。对于这种人，用现在流行的词儿来形容就是“女王风范”“霸道总裁”，但这两个词通常是用来形容你喜欢的人的，更多时候你会说他们“傲慢”或者“目中无人”，我用一个偏中性的但词来定义一下这个人群：强势。

聊天中的强势者

这里说的强势者不是指那些决定你工资的人，也不是决定你幸福的爱人，更不是从小决定你各种选择的父母，因为他们已经习惯管着你了，这里要说的是聊天的对象——一个跟你本来应该地位平等，关系正常的聊天对象。

强势者给人的感觉通常是很不好惹，会让人不由自主地退缩。如果他们给你下命令，你的第一反应可能是服从命令，然后刚一转身就会想："我凭什么听他的？"但是没办法，在面对他们时，你可能就是无法反驳。如果你是个本来就有些软弱的人，那么在强势者的目光下会支支吾吾地说不出话来，而你越是这样，他们就越会对你吆五喝六。

这种人的另一个特点是不肯认错。如果你们在聊天时说起一个话题，强势者提到了某个理论，但是这个理论已经被证明是错的，他也绝不会承认，反而会强词夺理，直到你不愿意再跟他讨论。而这时他会认为已经把你说服了，他仍然是"对"的。所以在这里，我们要讨论几种和强势者打交道的情形，并且我们共同研究一下，在面对这些强势者时，该怎样做到好好聊天。

面对假强势的人，点破不戳破

按照惯例，我们还是先调整一下观念和心态，这个比较重要。我们需要认识到"强势"有时只是一层保护壳。有些人的强势，并不是真强势。有一些词就是专门为这些人造的，比如"外强中干""色厉内荏"。

他们把强势当成保护壳，当成伪装，想凭借这种伪装获取别人的认可。这种假强势的人甚至比普通人更弱小，就像动物界里那些一受惊吓就长大好几圈的萌宠。

遇到这样的人，我们要在第一时间识破他的伪装然后撕掉。当然了，这种人之所以会装作很强势，是因为渴望获得尊重和肯定，他们的本质其实是自卑的。因此，我们也要照顾到对方的承受能力，点破而不戳破。让他知道你已经看穿了，还给他留了面子，他以后就会对你更加服气。

我们知道，没有无缘无故的爱，也没有无缘无故的恨，同样没有无缘无语故的装，凡事都有理由。假强势的人除了想要通过装作强势来得到尊重之外，更加现实的目的是取得对话的主导权。我们在一开始就说过，当一个内心不是十分强大的人面对强势的人时，会不由自主地败下阵来，听之任之。

因此，假强势的人能够发号施令，在聊天里取得主动。但是他们的强势既然是假装的，就只会流于表面，用不了多久就会被人发现。当我们知道对方是装作强势之后，就要懂得拒绝不合理的要求，不让对方从我们身上获取本来就不应该属于他的能量。

关键不在对方，而在自己

面对强势者，我们要有强大的内心，要独立而自信，懂得阐述和维护自己的观点。交流的前提是互相尊重，一方不应该凌驾于另一方之上。如果你想让对方尊重你，就要先尊重自己。在强势者面前，你仍然要保有自我的独立人格和信念，这样才能不落下风。

比如，你是一个面试官，有两个人一起来面试，其中的一个说："求求你给我这份工作吧，我可以为公司当牛做马，让我干什么都可以。”另一个说：“我非常乐于学习和善于学习，可能我刚进公司会有些不懂的地方，但是我会努力，不会让您失望的。”两者相比，你会更看得起哪一个？

如果你过去是一个习惯于服从的人，那么现在是时候改变了。你可以问一问自己：我是真的愿意完全放弃自己的想法，只为他人服务吗？如果不是，就要懂得说“不”。你在和强势者聊天时，他随口说一句：“这事儿就得按我说的办，你快去做吧。”你或许习惯了照做，就想也没想就去做了。

但是如果你并不想当个跑腿的人，就要学会表达出自己的真实想法：“不好意思，我和你的观点不一致，或许你可以找其他人配合你。”

做人要有自己的原则，不能随意被人带跑偏。有些强势者很自私，因为他们不够尊重他人，意识不到除了自己之外，别人也有需求。所以在和这样的人打交道的时候，一定要坚守自己的底线。在任何时候，如果被人强行要求做不情愿做的事情，都要表明自己的态度，有自己的原则。

与强势的人聊天时的确面临种种困境，这些困境需要我们用智慧来化解。

明确拒绝不合理要求

首先，面对随意的使唤和命令，表明自己的处境，没必要全部答应。

强势者是如何表现他们的强势的呢？那就是随意发号施令。和这种人聊天的苦恼之处就在于，这些大哥大姐真的是很喜欢提要求：

“那个谁，你去给我倒杯水。”

“那个谁，你去把空调开大一点。”

“那个谁，我手机没电了，给我充上电。等会儿，我接个电话。喂，那个谁啊，我半个小时以后就到，你去星巴克买杯大杯拿铁少糖。什么？哪个大杯？就是最大的那杯啊？还用我说？”

遇到这样的人，一定不要被他们的气势给吓住。如果你们是朋友，或者你想和对方保持良好的关系，那么在你不忙的时候可以适当帮忙。但当你确实为难或者不想做的时候，就没必要毫无保留地答应对方的要求。你要是不想和对方发生什么龃龉，就可以找一些借口。

比如，你们正在聊天，说到某个歌手过段时间要来开演唱会。对方就说了：“后天就能开放订票了，你给我订一张，要内场，不要太靠前，不要太吵。”

这时你就可以回答：“我最近工作很忙，而且需要保密，平时都不让用手机，只能上内网。如果我有空还想给自己订一张呢。不好意思，我帮不上忙了。”

小威说他堂哥就这样，平时就总是麻烦自己，完全不考虑别人是否方便。

有次他堂哥毫无预兆地打电话给小威：“我周末要出去嘉定玩儿，你开车接我一下吧。反正你回家也方便。”

小威很是郁闷，又不好直接推辞，就把锅扔给了女朋友：“周末我得陪女朋友去松江，你那儿去不了，也不顺路啊。”

然后，他堂哥说：“你几点去，要不你先送我一下，然后再去陪你女朋友，不耽误你的事。”

小威憋了一会儿，说：“我女朋友这周来家里是要见我爸，我爸就是你大爷，你要是有问题，去问他吧！”

表明自身感受，指出对方的不妥

其次，面对自私自利、没有同理心的人，表明自己的感受，指出对方的不妥。强势者通常不会考虑别人的想法和处境，只关注自己的目的能不能达到。

这时，如果你不想一边被人“欺负”，一边在心里骂自己“你怎么这么没用啊都不敢反驳”，就要大声说出自己的感受，让对方明白他做得不合适、不恰当。

比如，你最近在工作上升迁不顺，跟女朋友或男朋友又发生了点误会，心情不好，不愿意说话。本来你出来参加聚会是想散散心，结果那个主导整场聊天的人却一直唠叨：“来都来了，不要总是哭丧着脸。服务员，给他来点白的！”

“不是，大哥，我喝不了白的。”

“哪有喝不了酒的男人，喝半瓶就好了！”

你不想开口，他就说：“你看看，就这点破事儿，至于吗？那有什么的？你怎么那么想不开啊？走一圈，干了！”

这时你就得明确表达出自己的感受："我已经很难受了大哥，让我安静地看你们喝好吗？也请你不要逼我喝，我会更难受的。"

坚决反击，维护自己

第三，面对不尊重人、语言刻薄的人，要坚决反击，维护自己。有的人不仅强势，还经常出口伤人。他们既高高在上，又言语刻薄，好像不把你说得无地自容就不舒服似的。作为普通人，我们平时无论是聊天还是讨论问题，都会注意自己说话的方式和用语。

但是有些强势者不但不会克制自己，反而会故意用令人不悦的态度说话。小洁的公司里就有这样一个刻薄的同事。

有一次部门周末聚会，聊着聊着，这个同事跟她说："我渴了，给我倒杯水。"小洁虽然一直觉得对方不太得体，但是考虑到自己离饮水机比较近，这种举手之劳还是可以帮忙的，就向这位同事把水杯递了过去。

结果对方喝了一口就大喊："我的妈呀！难怪你没有男朋友，倒水也不会，这么热的水，想烫死谁啊？"

这回小洁就不干了，说道："我听说喝点热水能治世上的绝大多数病，现在看来还真治不了你这种公主病。觉得水温不合适的话，自己去倒一杯。"

态度友好，但不能让步

第四，面对习惯性否定别人的人，态度友好，但不轻易让步。强势者还有一种表现，就是觉得全世界只有他说得对，别人说什么都是错的，口头禅就是："你这个不对，我跟你说……"这种人不但盛气凌人，而且往往是"抬杠大学"研究生毕业，如果你试图反驳，不知道会引出多难听的话来。

因此，一个更理智的办法是以友好的态度来表达自己的观点，但是不要轻易让步。对方什么都反驳你，你不必和他一般见识。

比如你们说到某个话题，他斩钉截铁地说："我跟你说，一定是这样的，不会有别的可能。"你就可以说："'蛟龙号'在几千米深的大海里发现了各种奇形怪状的鱼，黑灯瞎火的，彼此也看不着谁，长得就有点放肆。但是他们用自己的长相告诉我们，你不知道的东西太多了，别太自信。"

强势者的"强"更多地体现在他们的态度上，而态度并不能代表真正的强大。真正强大的人虽然自带气场，但是待人接物却往往更随和，让人如沐春风。因为他们知道，强大不是嘴上说出来的，而是用实力证明出来的。所以我们平时与人交往和聊天时，要注意态度，即便自己有道理，说得对，也要倾听对方的意见。当你足够尊重别人时，别人也会尊重你。

而且，真正强大的人不怕示弱，勇于暴露缺点或认输也是一种强大。有的朋友自尊心很强，不愿意认输或者承认自己的缺点。这种不服输的精神确实是好事，但是也要认识到总有比自己强的人。与更强者狭路相逢的时候，示弱不是求饶，而是一种学习的姿态。

当你和别人聊天时，如果对方确实水平高超，而且知识渊博，你就应该放低姿态，安静地做一回认真听讲的学生。这种谦虚和示弱不但不会显得你软弱，还会让你获得更多知识，变得更加强大。

对方能把一个问题分析得鞭辟入里，入木三分，你就应该真心说一句："大哥，厉害啊！这次专业竞赛我会全力支持你，以后你要多教教我哦。"

第 49 课　如何与矫情的人聊天

我们在生活中总是能遇到一些矫情的人。他们看似柔弱，但是却用这种柔弱的形象来博取人们的关心和怜惜，并以此制定自己的规则。他们有自己的一套逻辑，当他们不愿意接受别人意见的时候，会闭上眼睛夸张地大喊：“我不听，我不听。”

如果你真的不说话停下来，他又会问你：“你为什么不说话？你为什么不说话，你说啊！”矫情的人哪里都有，不分男女，而且越来越多。当我们面对这些看似人畜无害，却可能冷不防给你出个难题的人时，该怎样聊天呢？

“矫情”的含义有很多，每个地区还不一样。矫情原本偏指蛮横、不讲理多一些，现在也多指矫揉造作、故意掩饰或是无病呻吟。矫情作为一种人格属性，有很多种外在的表现形式。也就是说，你可能会遇到五花八门的矫情人和矫情事。对不同的矫情方式，我们也要使用不同的方法来区别对待。

“需要安慰式”矫情

第一种矫情特点：楚楚可怜，心忧一切，事事悲观，需要安慰。

这种人见花落泪，对月伤心，往往见面的第一句话就是：“你说，为什么我会这么不幸？”如果你问他怎么不幸了，对方可能说：“我空有这倾城倾国的貌，却逃不开这多愁多病的身。上天当真是不想我好，我又感冒了。”

当然不只是感冒，他们的不幸包括但不限于走路时鞋里进了一粒沙子，出门忘带防晒霜，敬酒时领导没有和他碰杯，男朋友打电话忘了说“么么哒”，喝热水不小心被烫到一点嘴唇，等等。

我们在生活中难免会遭遇一些大大小小的意外，对于那些寻常的烦恼，我们早已学会了如何开解自己。但是矫情的人不会，一点微不足道的小情况，足以让他们觉得天都塌下来了，会到处寻求安慰：

“喂，你干吗呢？我好可怜啊，你快安慰安慰我。”

“你怎么就顾着自己吃饭啊，你看不出来我心情不好吗？你安慰安慰我啊。什么？安慰过了？多喝热水算安慰吗？”

当这种人向我们索取安慰时，该怎样回应呢？

首先，支持对方的情绪。要注意的是，别把自己的主观情绪代入到对方的感受中，对方刚一开口，你就急着说：“这还叫事儿？”“你这才哪儿到哪儿啊？”把对方堵回去。如果你这样做了，和对方又有什么区别呢？

因此，要先认同对方，当对方用十分夸张的口吻形容自己遭遇的问题时，你要让对方感受到“我都明白的，你真的不容易”。要适当地表达关心，满足对方被安慰的欲望。在接下来的聊天里，你可以利用一段时间来倾听，让对方尽情发泄，然后多说些安慰和鼓励的话。

其次，否定对方的自我否定。很多矫情的人表达自己的方式就是自我否定：“唉，我真没用，我就是个废人。”“你们肯定都讨厌死我了，我还烦你们干吗啊？你们都别理我，我走了！”请记住，如果有人梨花带雨地说着这样的话，脚下却丝毫没有移动的意思，或者做出一些生怕没人注意的夸张动作，那么他们其实是在说反话。

嘴里说着不要，心里其实很老实：你们这些没眼力见儿的，还不快来安慰我。所以，当他们忙着自我否定时，你就要干脆利落地否定他们的这种做法：“你要是废人的话，我们岂不是废人的朋友？没有你这么骂人的。你好着呢，一切都好着呢！”

最后，该沉默时保持沉默。还有些时候，矫情的人只是在无病呻吟，忸怩作态，让人来关注他，从而刷存在感。其实他们明知道没有多大的事，但是必须矫情，必须要人安慰。如果你不幸撞在了枪口上，那么不管你怎么安慰，他们都会顺杆儿爬，变得越来越矫情。

因此，你可以在一开始表达同情，可以否定对方的自我否定，但是，如果他们仍然不依不饶，你就保持沉默吧，因为你说的话不但于事无补，反而可能会成为新一轮犯矫情的导火索。

“柔弱可爱式”矫情

第二种矫情特点：喜欢表演各种柔弱和可爱，而且也用这种柔弱和可爱来要求别人。

“啊，兔兔这么可爱，怎么可以吃兔兔！”怎么样？很萌吧。性质差不多的还有：“哎呀，草坪上的小草这么可爱，你怎么忍心踩上去？”“你不是刚刚用这种纸巾擦了左手吗？怎么还能用它来擦右手呢？你是不是用右手递给我的咖啡？啊，好恶心！”

这就是矫情的另一种表现形式：用自己的好恶来要求别人。这时该怎么办呢？

首先，认可对方的态度。可以顺着对方的意思说。还是用刚才的那两个例子，对方说：“啊，小草这么娇嫩，你怎么能踩草坪？”

你就可以回答：“哎呀，不好意思啊，你真的是太有爱心了。”

对方说：“你用同一张纸擦两只手太恶心了。”

你也可以回答：“我错了，你简直太爱干净了，太讲卫生了。”

如果你这么回答，对方十有八九会捂着嘴，发出“矜持”的笑声。至于你自己，该怎么样还怎么样吧。

其次，用幽默的方式化解尴尬。

我们早就说过，幽默是一剂良药，当矫情的人对你的“暴行”大加批判的时候，你就可以用幽默来轻松化解。比如，一个“柔弱”的女生对你说："你怎么能把螃蟹活着放进锅里呢？好残忍啊？"

你就可以跟他逗逗哏："哎哟，对不住啊，粗鲁了！你的意思是，对食材最大的尊重就是要趁着新鲜吃？那我们不蒸了，我按着，你揭盖，咱生吃！"或者是："八条腿带俩大钳子，适当汗蒸一下，有利于肌肉放松！"

"凡事要你猜式"矫情

第三种矫情特点：他们属于不直接沟通型，凡事要你猜。

这种人经常会说些看似不着边际的话，或者在朋友圈里发点莫名其妙的图片和文字。如果你能猜中他的心思，那么恭喜你，他下次还会让你猜的。如果你没猜中，甚至压根儿没有猜，他就会兴师问罪，搞得你一头雾水。

一个朋友就是这样，他女朋友毫无预兆地跟他提出了分手。我问他："怎么会这样？你不是一直做得很好吗？"朋友说："我也觉得我平时没毛病啊，可是她说我不理解她，看不出来她的意图。拜托，我又不是 CT 机，哪能啥都看透啊。"

我们该怎样应对这种人呢？

首先，察言观色，发现对方的情绪波动。

跟这样的人聊天时，你要把内心的敏感度调高，联想能力加倍，达到有任何风吹草动都能异常敏锐地发现的程度。比如，你们聊着聊着，突然发现最近长达 5 分钟的时间里一直是你在找话题，而对方没怎么说话。

你就问："怎么了？"

他可能会回答："没事。"

注意，没事就是有事。这句"没事"说得越轻描淡写事越大。这时你就要先回忆一下，自己是不是说了什么话导致对方不高兴，如果能够排除这一点，接下来就可以轻拍对方的肩膀："怎么了亲爱的，跟我说说吧。"

其次，表明自己的关心态度，鼓励积极沟通。

如果对方还忧郁地说："没事。"你就要主动询问，要表现得"我懂你"。你就可以和对方说："我知道现在你可能不想说话，如果你不愿意说，或者觉得不方便，就不说，没关系的。但是如果你想找个人倾诉一下，我随时等着你。"

一旦你显得特别敞开胸怀，用不了一秒钟，对方就会像竹筒倒豆子一样说出来："唉，真的没什么事，就是……我都好几天没发朋友圈了，也没人问问我怎么回事，是不是都不喜欢我了啊？我是不是多余的啊？"

对方开口之后，你就要表明自己的关心。趁着对方高兴，你还可以引导一下："你看，如果你不说，我都不知道你哪里不高兴了。所以以后要多和我说说哦，我脑子不灵，怕猜不透你的心思。"

关于矫情，需要知道的最后三件事

矫情，矫情，困难就在于对方的情绪瞬息万变、捉摸不透。所以聊天的过程也只好随机应变，见招拆招。但是我还是要强调几点：

首先，关心的同时要保持距离，避免适得其反。

有一次，小洁的一个女生朋友打电话给她："为什么大家都不理解我呢？我是不是一个不应该存在的人啊？"

小洁问："怎么了？为什么会这么想呢？"

对方说："我查了一下通话记录，以前我每天要接 20 个电话，现在每天只有 15 个，有时候连 15 个都不到。大家怎么都不喜欢跟我说话了呢？"

小洁猜她大概是近期受挫了需要安慰，于是就捧着电话听她的朋友把各种私密的糗事说了一通。

过了几天，她的这个朋友又打电话来，小洁本以为是对方心情好转了，愉快地接起了电话，谁知那边大喊："你是不是跟别人说不要和我玩了？是不是把我的事跟别人说了？为什么跟你聊完之后，现在每天只有 10 个电话了？原来你是这样的人。"听完这些话后，小洁"轻轻地"挂断了电话。

矫情的人总是对自己过度关注，放大自己的感受，觉得全世界只有他最孤独。如果你和他过分亲密，他可能把你当作发泄情绪的出口。如果你每次都能恰到好处地关心，那倒还好；但是哪怕有一次你没有在他需要的时候及时出现或者没帮上忙，他就会数落你，甚至会恶语相向。所以你要保持一些距离，做力所能及的事情。

其次，不能只讲道理，也不能不讲道理。

和矫情的人聊天，你要注意自己的言辞。如果你看不惯对方的做法，表达时也要尽量委婉，而不是直接戳穿。对一个情感完全压过理智的人，讲道理未必是合适的。但是又不能一点道理都不讲，这样会让对方在矫情的路上越走越远。

不要直接讲道理，又要让对方明白你的意思，就可以利用聊天对话来引导对方，让他自己得出结论。比如对方跟你抱怨："每次当我寂寞得要发疯的时候，打开手机，却发现一条微信都没有，一条短信也都没有。原来没人在乎我。"

你就可以说："我明白你的感受。我也时常感到寂寞，有时候会自己喝闷酒，喝多了就抱着酒瓶哭。唉，又有谁能懂我呢？"

"你怎么不找个人陪呢？"

"没人来找我，我怎么敢去找别人，可能人家根本就不愿意理我。"

"你不和别人说的话，别人不知道你什么时候难受啊，孤独啊，寂寞啊。"

"嗯，你说得对。你也是哦，没人给你发微信，你就可以主动发嘛。"

这样的对话效果就很好。

第三，要避免成为矫情的人。

在矫情的人眼里，他自己是宇宙的中心，所有人都要围着他转。他们的关注点都在自己身上，很少能看到别人的好。给别人带来什么感受都无所谓，只要他们自己开心就行。比如："啊！我要全世界都爱我！"能够配得上这样的人，首先要用爱拥抱全世界。

如果你只想无条件地接受爱，那么注定是不会长久的。你高兴的时候自己高兴，难过的时候才找人陪你难过，时间长了，你就会变成孤家寡人。诚然，我们每个人都有不顺心的时候，都有孤独的时候，都有需要别人的时候。但是，我们要认识到，**不是任何时候都能找到别人来陪伴。**因此我们要尽量自给自足，降低对别人的要求。在聊天时更是如此，你不能总是指望别人取悦你。

不要停下个人发展的脚步

所谓的精英，都是在正确的时间做正确的事情，一步步积累而成的。如果能少走弯路，你就已经比别人领先一步。

在这里，有一群人，他们走过你正在走的路，经历过你此时此刻的心境，有你不曾有过的经验，不曾达到的视野。他们是各行各业的精英，他们不能替你规划你的人生，但能给你提供持续成长的方法，让你看得更高，走得更远。

—— 个人发展学会

时代正在剧变，技术日新月异，企业渴求的人才早已发生变化，即将到来的人工智能浪潮，已经开始淹没人类的工作岗位……

未来，只属于持续的成长者。

我们每时每刻都能感受到成长的压力与焦虑，每个人都希望能跟上时代发展的脉搏，不被时代的骇浪所打倒，于是每个人拼命地学习，听大量的课程，接受海量的信息，最后却迷失在知识的海洋。

这个时代，人与人之间比拼的不是学与不学，不是学多与学少，而是认知的效率和水平。只有在正确的道路上，努力才是有意义的。

个人发展课堂：让认知水平更高的过来人陪你升级

有的人高喊着“努力！奋斗！”的励志口号，埋头苦学，但是根本摸不到门道，深受“知识焦虑”的困扰。

如何挑选适合自己学习的内容？

如何更快的获得最有价值的知识？

如何与优秀者的大脑一起“联机进化”？

如何将学到的知识变成自己的能力，改善自己处境？

如何快速成长，持续精进？

这些是我们想帮你解决的问题。

成功的学习者，都是能够抓住本质的聪明人。他们在学之前就想明白学什么、怎么学、有什么用和如何兑现价值，提升自己的认知效率。将时间和精力投入在最值得投入的内容上，从而得以享受时代红利，激发个体爆发式的成长。

未来如此精彩，我们当然不能置身局外。

愿你在这个不确定的世界，加速自己的个人发展，建立自己的确定性，活的精彩！

个人发展课堂　微信小程序玩转指南

个人发展课堂结构图：

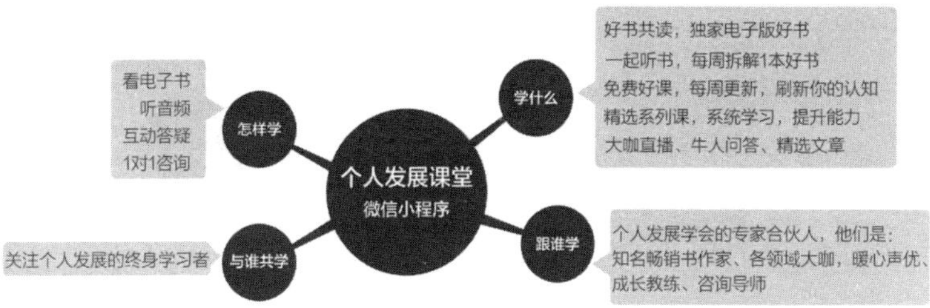

三步玩转个人发展课堂：

第一步：关注个人发展学会微信公众账号

扫此码即可关注：

点击左下角 发展课堂

第二步：进入个人发展课堂小程序

第三步：惊喜！赠送福利

扫此码 ↓↓↓

即可**免费**领取少毅老师价值

99元

《我的第一堂职业规划课》

优惠券

帮你看清职业世界、探索你自己

好工作是如何规划书来的

开启学习之旅吧！